融媒体

在中职思政课教学模式改革中的创新与实践

詹敏玲　李娜燕　李晓兰　著

华南理工大学出版社
SOUTH CHINA UNIVERSITY OF TECHNOLOGY PRESS

·广州·

图书在版编目（CIP）数据

融媒体在中职思政课教学模式改革中的创新与实践 / 詹敏玲，李娜燕，李晓兰著. —广州：华南理工大学出版社，2024.7
　ISBN 978－7－5623－7748－1

　Ⅰ.①融… Ⅱ.①詹…②李…③李… Ⅲ.①思想政治教育－教学研究－中等专业学校 Ⅳ.① G711

中国国家版本馆CIP数据核字（2024）第105466号

Rongmeiti Zai Zhongzhi Sizheng Ke Jiaoxue Moshi Gaige Zhong De Chuangxin Yu Shijian

融媒体在中职思政课教学模式改革中的创新与实践

詹敏玲　李娜燕　李晓兰　著

出 版 人：柯　宁
出版发行：华南理工大学出版社
　　　　　（广州五山华南理工大学17号楼，邮编510640）
　　　　　http://hg.cb.scut.edu.cn　Email: scutc13@scut.edu.cn
　　　　　营销部电话：020-87113487　87111048（传真）
策划编辑：庄　严　肖　颖
责任编辑：肖　颖
责任校对：陆颖珊
印 刷 者：广州小明数码印刷有限公司
开　　本：787 mm×1092 mm　1/16　印张：10.5　字数：175千
版　　次：2024年7月第1版　　印次：2024年7月第1次印刷
定　　价：58.00元

版权所有　盗版必究　　印装差错　负责调换

目 录

第一章 新时代中职学校思政课改革创新的要求 ……1

一、思政课是落实立德树人根本任务的关键课程 ……2

（一）《思政课是落实立德树人根本任务的关键课程》 ……2
（二）教育部关于深入学习贯彻以上重要文章的要求 ……3

二、2019年以来加强中职思政教育教学的重点文件 ……3

（一）面向各类学校的总体性政策文件 ……4
（二）面向中职学校的专项性政策文件 ……5
（三）信息化与教学模式创新的文件要求 ……5

三、《中等职业学校思想政治课程标准（2020年版）》 ……6

（一）中职思想政治课程标准的内容体系 ……7
（二）中等职业学校思想政治学科核心素养 ……10
（三）人社部技工院校使用思政课统一课标和教材 ……10

四、中等职业学校思政课教材的内容与教学特点 ……11

（一）新课标对思想政治课教材编写提出的要求 ……11
（二）新版思想政治课程教材的内容与教学特点 ……11
（三）教材配套教师教学用书的内容体系模型 ……14
（四）教材配套学生学习用书的内容体系模型 ……17

五、新时代中等职业学校思政课改革创新的要求模型 ……19

第二章 融媒体的发展及其在教育教学中的应用 ……23

一、融媒体的基本概念与发展历程 ……24
（一）融媒体的基本概念 ……24
（二）融媒体的发展历程 ……25

二、融媒体的常用技术及其与教育教学的结合点 ……26
（一）常见的融媒体技术 ……26
（二）融媒体技术的发展历程 ……27
（三）融媒体技术与教育教学技术的结合点 ……28
（四）融媒体教学与传统信息化教学的相互关系 ……29

三、融媒体、教育教学中的数字资源类型及两者的结合点 ……30
（一）融媒体中常见的数字资源类型 ……30
（二）教育教学中常见的数字资源类型 ……31
（三）融媒体数字资源与教育教学数字资源的共性 ……32
（四）融媒体数字资源与教育教学数字资源的差异 ……33
（五）融媒体数字资源与教育教学数字资源的结合点 ……33

四、职业院校数字化教学资源与融媒体化发展 ……34
（一）《职业院校数字校园规范（2020）》的资源分类 ……35
（二）当前职业院校重点建设的数字化教学资源类型 ……40
（三）面向教师数字资源应用习惯的数字资源分类 ……45
（四）职业院校数字化教学资源的融媒体化应用模式 ……52
（五）职业院校融媒体教学资源构成与应用总体模型 ……55

五、教育教学中可以形成的常见融媒体系统应用 ……56
（一）教育教学中可以形成的常见融媒体应用 ……57
（二）职业院校数字校园规范中的资源管理与共享 ……58
（三）融媒体技术及其应用在教育教学中的价值 ……58

第三章 中职思政课信息化教学要求与实施要点 — 61

一、基于新课标的思政课教学要求分析总结 — 62

（一）基于新课标的思政课教学要求内容模型 — 62

（二）新课标对思政学科教学方式的总体要求 — 64

（三）基础模块"教学提示"所涉教学方法汇总 — 65

（四）基础模块中的社会实践教学活动分类汇总 — 65

（五）当前中职思政课教学中普遍存在的问题 — 66

二、运用现代信息技术，提高思政教学效率 — 67

（一）新课标的重要教学要求 — 68

（二）信息化教学的主要特点 — 69

（三）基于新课标的教学信息化着力点 — 70

（四）基于新教材的教学信息化着力点 — 71

（五）思政课教师教学能力比赛中的信息化能力要求 — 72

（六）思政课教学资源的常见应用模式体系图 — 73

三、融媒体技术与资源在思政课教学中的价值与应用 — 74

（一）融媒体技术与资源对思政课教学的核心价值 — 74

（二）融媒体技术与资源在思政课教学中的应用 — 76

四、融媒体思政课数字资源的资料素材构成 — 77

第四章 中职思政课的融媒体教学规划与设计要点 — 79

一、课程教学规划与设计的内容及资料基础 — 80

（一）课程教学规划与设计的主要内容 — 80

（二）课程教学规划与设计的核心资料基础 — 81

二、模块导学的融媒体教学规划与设计 ……………………………… 82

（一）模块导学的内容体系构成 …………………………………… 82

（二）模块导学的主要内容来源 …………………………………… 83

（三）模块导学的教学规划与设计要点 …………………………… 83

（四）课程模块导学中的融媒体教学规划要点 …………………… 84

三、"单元"教学的融媒体教学规划与设计 …………………………… 88

（一）"单元"教学的内容体系模型 ……………………………… 88

（二）"单元"中各类教学内容的特点分析 ……………………… 89

（三）"单元"教学活动中的融媒体应用思路 …………………… 90

（四）"单元"教学内容的融媒体应用分析与规划 ……………… 91

（五）教师教学用书与学生学习用书的内容应用 ………………… 94

四、融媒体数字化教学资源的匹配与准备 …………………………… 94

（一）知识性内容的融媒体教学资源匹配 ………………………… 95

（二）议题式教学活动的融媒体教学资源匹配 …………………… 96

（三）实践教学活动的融媒体教学资源匹配 ……………………… 97

（四）教师教学用书和学生学习用书中的资料应用 ……………… 98

（五）融媒体数字资源匹配之后的教学准备工作 ………………… 98

五、课程建设与教学文件的编制要点 ………………………………… 99

（一）课程建设与实施方案的内容优化 …………………………… 100

（二）思政课教学大纲的内容优化要点 …………………………… 101

（三）课程教学方案及教案的内容优化 …………………………… 103

（四）教学文件中的教师与学生学习用书的应用 ………………… 107

六、融媒体教学规划与设计成果的教学应用 ………………………… 107

第五章 《职业道德与法治》教学规划与设计实践 111

一、《职业道德与法治》模块综合介绍 112
（一）新课标中的内容简介 112
（二）统编教材的内容体系 112
（三）新课标和新教材的内容比较分析 117

二、模块导学中的融媒体教学设计与应用 117
（一）导言部分的教学内容分析 117
（二）导学的教学内容与融媒体资源规划要点 118
（三）导学的融媒体化教学PPT示例 120

三、"第3课 增强职业道德意识"融媒体教学设计要点 122
（一）教学内容体系与要点 122
（二）教学内容的融媒体教学设计着力点分析 123
（三）融媒体教学资源的搜集与准备 126
（四）融媒体教学资源的开发成果示例 131

四、第二单元"学以致用"的融媒体规划与应用 133
（一）融媒体教学应用的着力点分析 134
（二）融媒体活动资源的搜集与整理 135
（三）融媒体化活动介绍与实施资源示例 137

五、课堂教学应用情况与经验总结 139

第六章　思政课教学模式改革中的融媒体配套建设 … 141

一、教师数字化素养提升培训 … 142

（一）《教师数字素养》教育行业标准的内容 … 142

（二）教师应怎样基于行业标准提升数字素养 … 143

（三）教师基于行业标准提升数字素养的具体举措 … 144

（四）中职学校教师提升素质素养应组织的培训 … 144

（五）中职学校思政课教师的数字素养提升特点 … 145

（六）思政课教师的数字素养提升培训内容体系 … 146

二、融媒体资源库体系的建设 … 147

（一）融媒体资源库的建设步骤 … 147

（二）思政资料素材资源分类体系的构建 … 149

（三）融媒体资源库的数字资源的来源 … 150

（四）教师数字化资源加工环境建设 … 151

（五）融媒体资源库运行机制的建设要点 … 153

三、基于融媒体建设与教学应用的评价体系建设 … 154

（一）思政课多级评价体系配套要点 … 154

（二）融媒体资源库的评价体系建设 … 156

四、思政VR体验式教学环境的建设与应用 … 157

（一）思政VR体验式教学环境的概念 … 158

（二）思政VR教学资源与传统思政教育资源的区别 … 158

（三）思政VR教学资源与融媒体数字资源间的关系 … 159

（四）思政VR体验式教学环境的建设特点与要点 … 160

第一章

新时代中职学校思政课改革创新的要求

融媒体在中职思政教学中的创新举措，不仅响应了党、国家和教育行政部门的系列文件精神，而且深度融入了相关创新要求。鉴于此，本章节将系统梳理在新时代背景下，中职学校在思政课教学改革方面的创新方向和具体要求，为提升思政教学质量提供有力支撑。

一、思政课是落实立德树人根本任务的关键课程

2019年3月18日，中共中央总书记、国家主席、中央军委主席习近平在北京主持召开学校思想政治理论课教师座谈会并发表重要讲话。2020年9月1日出版的第17期《求是》杂志发表了中共中央总书记、国家主席、中央军委主席习近平的重要文章《思政课是落实立德树人根本任务的关键课程》（习近平总书记2019年3月18日在学校思想政治理论课教师座谈会上讲话的主要部分）。

（一）《思政课是落实立德树人根本任务的关键课程》

在《思政课是落实立德树人根本任务的关键课程》这一文章中，习近平总书记针对"思政课教师素养的问题"，提出了思政课教师"政治要强、情怀要深、思维要新、视野要广、自律要严、人格要正"的"六项要求"；针对"思政课改革创新"，提出了要做到以下"八个相统一"，即：

第一，坚持政治性和学理性相统一。

第二，坚持价值性和知识性相统一。

第三，坚持建设性和批判性相统一。

第四，坚持理论性和实践性相统一。

第五，坚持统一性和多样性相统一。

第六，坚持主导性和主体性相统一。

第七，坚持灌输性和启发性相统一。

第八，坚持显性教育和隐性教育相统一。

习近平总书记以上的讲话及文章内容要点，也写入《中等职业学校思想政治课程标准（2020年版）》，即"六、课程实施"的导入段。

（二）教育部关于深入学习贯彻以上重要文章的要求

2020年9月9日，教育部发布了《教育部关于深入学习贯彻习近平总书记重要文章〈思政课是落实立德树人根本任务的关键课程〉的通知》（教社科〔2020〕2号）。该文件要求：

（1）深刻认识深入学习贯彻《思政课是落实立德树人根本任务的关键课程》重要文章精神的重要意义。

（2）按照学懂弄通做实的要求认真抓好重要文章精神的学习贯彻，包括"全面系统、及时跟进学""深入思考、联系实际学""深化研究、宣传阐释学"等三项具体要求。

（3）工作要求，包括"高度重视，精心组织""创新形式，务求实效""广泛宣传，扩大影响"等三方面的具体工作要求。

对于思政课教师而言，认真学习和领悟《思政课是落实立德树人根本任务的关键课程》这一重要文章非常重要，特别要注意以下几个关键点：

（1）一定要认真理解"办好思想政治理论课"的重大意义。

（2）一定要认真理解"办好思想政治理论课关键在教师，关键在发挥教师的积极性、主动性、创造性"的重要性。

（3）针对"思政课教师素养的问题"，文章提出了"政治要强、情怀要深、思维要新、视野要广、自律要严、人格要正"的"六个要"，思政课教师怎样做到"六个要"。

（4）一定要认真理解"推动思想政治理论课改革创新，不断增强思政课的思想性、理论性和亲和力、针对性"的要求，以及推动思政课改革创新、做到"八个相统一"。

（5）一定要认真理解"加强党对思想政治理论课建设的领导"的重要性。

二、2019年以来加强中职思政教育教学的重点文件

2019年以来加强中职思政教育教学的重点文件可以分为"面向各类学校的总体性政策文件"和"面向中职学校的专项性政策文件"两类，另外还要注意"信

息化与教学模式创新的文件要求"。

（一）面向各类学校的总体性政策文件

（1）2019年3月18日，中共中央总书记、国家主席、中央军委主席习近平在北京主持召开学校思想政治理论课教师座谈会并发表重要讲话。

（2）中共中央办公厅、国务院办公厅印发《关于深化新时代学校思想政治理论课改革创新的若干意见》，2019年8月14日。

（3）2020年9月1日出版的第17期《求是》杂志发表了中共中央总书记、国家主席、中央军委主席习近平的重要文章《思政课是落实立德树人根本任务的关键课程》（习近平总书记2019年3月18日在学校思想政治理论课教师座谈会上讲话的主要部分）。

（4）《教育部办公厅关于成立教育部大中小学思政课一体化建设指导委员会的通知》，教社科厅函〔2020〕17号，2020年12月2日。

（5）中共中央宣传部、教育部《新时代学校思想政治理论课改革创新实施方案》，教材〔2020〕6号，2020年12月18日。

（6）教育部关于印发《革命传统进中小学课程教材指南》《中华优秀传统文化进中小学课程教材指南》的通知，教材〔2021〕1号，2021年1月8日。

（7）《教育部办公厅关于在思政课中加强以党史教育为重点的"四史"教育的通知》，教社科厅函〔2021〕8号，2021年4月16日。

（8）国家教材委员会关于印发《习近平新时代中国特色社会主义思想进课程教材指南》的通知，国教材〔2021〕2号，2021年7月21日。

（9）国家教材委员会关于印发《"党的领导"相关内容进大中小学课程教材指南》的通知，国教材〔2021〕5号，2021年9月26日。

（10）2022年4月，教育部、人社部联合发布了《教育部办公厅 人力资源社会保障部办公厅关于加强职业院校"三全育人"典型学校培育建设的通知》，教职成厅函〔2022〕9号，以及《职业院校"三全育人"典型学校建设指南》。

（11）教育部等十部门关于印发《全面推进"大思政课"建设的工作方案》的通知，教社科〔2022〕3号，2022年7月25日。

（12）《教育部办公厅关于开展大中小学思政课一体化共同体建设的通知》，教社科厅函〔2022〕49号，2022年12月27日。

（二）面向中职学校的专项性政策文件

（1）教育部等五部门印发《关于加强新时代中小学思想政治理论课教师队伍建设的意见》，教师函〔2019〕8号，2019年9月18日。

（2）《教育部办公厅关于加强和改进新时代中等职业学校德育工作的意见》，教职成厅〔2019〕7号，2019年11月20日。

（3）教育部关于印发《中等职业学校思想政治、语文、历史课程标准（2020年版）》的通知，教材〔2020〕2号，2020年1月19日。

（三）信息化与教学模式创新的文件要求

> 深化教育教学模式创新。开展信息化环境下的职业教育教学模式创新研究与实践，大力推进信息技术与教育教学深度融合。着力优化人才培养模式，建设适应信息化教学需要的专业课程体系，用信息技术改造传统教学。推进网络学习空间的建设与应用，加强教与学全过程的数据采集和效果分析。鼓励教师充分、合理运用数字教育资源开展教学，解决技能培养中的重点、难点问题。推广远程协作、实时互动、翻转课堂、移动学习等信息化教学模式，最大限度地调动学习者的主观能动性，促进教与学、教与教、学与学的全面互动，进一步提高教学质量与人才培养质量。
>
> ——《教育部关于进一步推进职业教育信息化发展的指导意见》，教职成〔2017〕4号，2017年8月31日

> 信息化是教育现代化的重要内容，也是推进教育现代化的关键途径。要适应信息化不断发展带来的知识获取方式和传授方式、教和学关系的革命性变化，推动信息技术在教学、管理、学习、评价等方面的应用，全面提升教育信息化水平和师生信息素养，推动教育组织形式和管理模式的变革创新，以教育信息化带动教育现代化。
>
> ——《中国教育现代化2035》，2019年2月

> 创新教学模式与方法。提高思想政治理论课质量和实效，推进习近平新时代中国特色社会主义思想进教材、进课堂、进头脑。举办职业学校思想政治教育课程教师教学能力比赛。普遍开展项目教学、情境教学、模块化教学，推动现代信息技术与教育教学深度融合，提高课堂教学质量。

——中共中央办公厅、国务院办公厅印发《关于推动现代职业教育高质量发展的意见》，2021年10月

> 7.1 概述
> 教师应用数字技术资源开展教育教学活动的能力，包括数字化教学设计，数字化教学实施，数字化学业评价，以及数字化协同育人。
>
> 7.2 数字化教学设计
> 教师选用数字技术资源开展学习情况分析、设计教学活动和创设学习环境的能力，包括开展学习情况分析，获取、管理与制作数字教育资源，设计数字化教学活动，以及创设混合学习环境。
>
> 7.3 数字化教学实施
> 教师应用数字技术资源实施教学的能力，包括利用数字技术资源支持教学活动组织与管理，优化教学流程，以及开展个别化指导。
>
> 7.4 数字化学业评价
> 教师应用数字技术资源开展学生学业评价的能力，包括选择和运用评价数据采集工具，应用数据分析模型进行学业数据分析，以及实现学业数据可视化与解释。
>
> 7.5 数字化协同育人
> 教师应用数字技术资源促进学校家庭社会协同育人的能力，包括学生数字素养培养，利用数字技术资源开展德育、心理健康教育，以及家校协同共育。

——教育部关于发布《教师数字素养》教育行业标准的通知，2022年12月2日

三、《中等职业学校思想政治课程标准（2020年版）》

教育部于2020年1月19日印发了"教育部关于印发《中等职业学校思想政治、语文、历史课程标准（2020年版）》的通知"，即"教材〔2020〕2号"

文。该套课程标准，要求于2020年秋季学期开始执行。基于《中等职业学校思想政治课程标准（2020年版）》（简称新课标），中等职业学校思想政治课程基础模块由《中国特色社会主义》《心理健康与职业生涯》《哲学与人生》《职业道德与法治》四个子模块构成。

（一）中职思想政治课程标准的内容体系

基于《中等职业学校思想政治课程标准（2020年版）》可以建立一个《中等职业学校思想政治课程标准（2020年版）》内容体系与要点模型，供学校教师参考。该模型如表1-1所示。

表1-1 《中等职业学校思想政治课程标准（2020年版）》内容体系与要点模型表

内容体系			内容要点
前言	一、指导思想与基本思路	（一）指导思想	中职三科课程标准研制工作的指导思想
		（二）基本思路	1.价值观教育与学科知识教学相结合 2.通识性教育与职教特色相结合 3.目标导向与问题导向相结合
	二、主要内容及特点	（一）关于课程设置	调整"德育"课程名称并优化课程结构。将"德育"的课程名称改为"思想政治"，与普通高中保持一致
		（二）关于学科课程标准	1.细化了课程育人目标 2.研制了学业质量标准 3.彰显了职业教育特色
一、课程性质与任务			1.思想政治课程是落实立德树人根本任务的关键课程 2.思想政治课程是中等职业学校德育工作主渠道，与学校其他教育教学活动相互配合，共同承担思想政治教育立德树人的任务 3.阐述了思想政治课程的主要任务
二、学科核心素养与课程目标	（一）学科核心素养	1.政治认同	政治认同的主要表现
		2.职业精神	职业精神的主要表现
		3.法治意识	法治意识的主要表现
		4.健全人格	健全人格的主要表现
		5.公共参与	公共参与的主要表现
	（二）课程目标		1.具有政治认同素养的学生，应具备的能力 2.具有职业精神素养的学生，应具备的能力 3.具有法治意识素养的学生，应具备的能力 4.具有健全人格素养的学生，应具备的能力 5.具有公共参与素养的学生，应具备的能力

续表

内容体系			内容要点
三、课程结构	（一）课程模块		思想政治课程由"基础模块+拓展模块"两部分构成
	（二）学时安排		1.思想政治课程基础模块教学安排建议 2.思想政治课程拓展模块教学安排建议
四、课程内容	（一）基础模块	1.中国特色社会主义	本门课程的课程简介、内容要求、教学提示、学业要求
		2.心理健康与职业生涯	本门课程的课程简介、内容要求、教学提示、学业要求
		3.哲学与人生	本门课程的课程简介、内容要求、教学提示、学业要求
		4.职业道德与法治	本门课程的课程简介、内容要求、教学提示、学业要求
	（二）拓展模块	1.法律与职业	本选修内容的主要内容及教学要求
		2.国家安全教育	本选修内容的主要内容及教学要求
五、学业质量	（一）学业质量内涵		1.学业质量的定义 2.学业质量标准的定义
	（二）学业质量水平		中等职业学校思想政治课程学业质量的2个水平描述
	（三）学业质量水平与考试评价的关系		水平1是毕业合格性考试的命题依据 水平2是高职院校分类考试的命题依据
六、课程实施	（一）教学要求	1.坚持正确育人导向，强化价值引领	强化价值引领
		2.准确理解学科核心素养，科学制定教学目标	准确理解学科核心素养
		3.围绕议题设计活动，注重探讨式和体验性学习	强调议题设计活动，注重探讨式和体验性学习
		4.加强社会实践活动，打造培育学科核心素养的社会大课堂	加强社会实践活动
		5.运用现代信息技术，提高教学效率	强调现代信息技术在教学中的运用
	（二）学业水平评价	1.学业评价	评价原则 评价方式 评价结果运用
		2.考试命题建议	（1）把握学业考试的目标和要求 （2）确定学科任务导向型的命题框架 （3）掌握学科核心素养发展水平测试的命题要求 （4）制定基于学科任务完成质量的试题评分标准

续表

内容体系			内容要点
六、课程实施	（三）教材编写要求	1.依据课程标准，突出学科核心素养培育	—
		2.立足中职学生实际，突出职业教育特点	
		3.按照政治性与科学性统一要求，优化教材编写队伍	
	（四）课程资源开发与利用	1.课程资源开发原则	导向性、科学性、时效性
		2.课程资源内容和呈现形式	（1）综合运用现代信息技术手段，有针对性地开发配套的教学素材、集成化课程资源 （2）兼顾运用"校内资源+校外资源"
		3.课程资源开发主体	中等职业学校 职业教育教研机构 思想政治课程教师 吸引和推动教材研发基地、行业企业、出版社建设课程资源
		4.课程资源利用方式	（1）要正确处理教材与课程资源、信息技术与思想政治课程教学的关系 （2）利用翻转课堂、混合式教学等方式，创设生动活泼的教学情境
	（五）对地方与学校实施本课程的要求	1.地方教育行政部门要加强课程实施的管理和督查	强调地方教育行政部门的职责
		2.地方教育行政部门和相关机构要加强课程实施的培训和指导	
		3.中等职业学校要为高质量实施课程创造必要条件	强调中等职业学校的课程实施职责

在熟悉以上"内容体系与要点模型"的基础上，教师们可以更好地阅读、学习和理解新课标的全文内容。

（二）中等职业学校思想政治学科核心素养

《中等职业学校思想政治课程标准（2020年版）》明确阐述了中职学段的思想政治学科核心素养。学科核心素养是学科育人价值的集中体现，是学生通过学科学习逐步形成的正确价值观念、必备品格和关键能力。中等职业学校思想政治学科核心素养主要包括政治认同、职业精神、法治意识、健全人格和公共参与，如表1-2所示。

表1-2　中等职业学校思想政治学科核心素养

1.政治认同	中职学生的政治认同，主要表现为坚持马克思主义世界观和方法论，领会中国特色社会主义理论体系，特别是习近平新时代中国特色社会主义思想，增进对伟大祖国、中华民族、中华文化、中国共产党、中国特色社会主义的认同，坚持社会主义核心价值体系，自觉培育和践行社会主义核心价值观
2.职业精神	中职学生的职业精神，主要表现为具有积极劳动态度和良好劳动习惯，具有正确职业理想、科学职业观念、良好职业道德和职业行为，具备理性思维、批判质疑、勇于探究的科学精神，能够正确认识和处理社会发展与个人成长的关系，并做出正确价值判断和行为选择，在社会实践中增长才干
3.法治意识	中职学生的法治意识，主要表现为具有社会主义法治观念、正确的权利义务观念，尊法学法守法用法，维护宪法尊严，自觉参与社会主义法治国家建设
4.健全人格	中职学生的健全人格，主要表现为具有积极心理品质和自尊自信、理性平和、积极向上的心态，能自我调节和管理情绪，做到自立自强、坚韧乐观，提高心理健康水平和职业心理素质
5.公共参与	中职学生的公共参与，主要表现为具有主人翁意识，坚持以人民为中心，能够有序参与公共事务、积极承担社会责任

（三）人社部技工院校使用思政课统一课标和教材

在以下人社部发布的文件中，对"新一阶段技工院校思政类教材的使用"作出了明确规定，"技工院校思想政治、语文、历史课程教材以及其他意识形态属性较强的教材和涉及国家主权、安全、民族、宗教等内容的教材，实行国家统一编写、统一审核、统一使用"。

（1）人力资源社会保障部办公厅关于印发《技工院校教材管理工作实施细则》的通知，人社厅发〔2021〕12号，2021年2月19日。

（2）《人力资源社会保障部　国家发展改革委　财政部关于深化技工院校改革　大力发展技工教育的意见》，人社部发〔2021〕30号，2021年8月12日。

（3）《人力资源社会保障部关于印发技工教育"十四五"规划的通知》，人社部发〔2021〕86号，2021年11月5日。

四、中等职业学校思政课教材的内容与教学特点

中等职业学校思想政治课程的教材由高等教育出版社负责编写。2023年秋季，基于新课标的中等职业学校思想政治课程基础模块的四本新版教材已经投入全国统一使用。

（一）新课标对思想政治课教材编写提出的要求

新课标中对思想政治课教材编写的要求包括三个方面：

（1）依据课程标准，突出学科核心素养培育。

（2）立足中职学生实际，突出职业教育特点。

（3）按照政治性与科学性统一要求，优化教材编写队伍。

在《中等职业学校思想政治课程标准（2020年版）》"教材编写要求"这一部分中，思政课教师需要重点关注以下两段话的内容。这两段话，相当于对思政课教师开展思政课教学规划、设计与实施提出的要求：

（1）"阐明基本概念、主要内容、基本要求，同时，通过活动、情境、议题和栏目的设置，避免说教式、成人化倾向，深入浅出地阐述课程标准要求掌握的内容"。

（2）"要着眼于职业教育人才培养目标，针对中职学生的学习特点，通过设置开放的教学情境栏目，采用深入浅出、图文并茂、通俗易懂的叙述和呈现方式，选择贴近学生生活与实践的鲜活案例，倡导知行合一、做中学做中教的教学方式，利用线上线下结合的信息化教学资源，激发学生自主学习潜能"。

（二）新版思想政治课程教材的内容与教学特点

在中等职业学校思想政治课程基础模块的四本新教材中，《中国特色社会主

义》包括6个单元共15课和结语，《心理健康与职业生涯》包括5个单元共15课，《哲学与人生》包括4个单元共12课，《职业道德与法治》包括导言和4个单元共13课。

1. 新教材的框架结构

新教材的结构分单元、课、框、目四个层次，具体包括单元导语、课导语、正文、穿插于正文中的各种版块、单元中的学以致用。每单元由导语、2—4课和学以致用组成。每课包括导语、正文、栏目等内容。每课一般设2—3框，每框设2—5目，每框原则上根据一课时的进程安排学习内容。书中正文是学习的主体内容，是需要掌握的重点知识。书中各栏目是学习的辅助和参考。

2. 新教材的基本栏目

全套教科书总体体例保持统一。主要栏目包括阅读与思考、相关链接、启思导行、学以致用等。

（1）阅读与思考：通过阅读情境材料和思考问题的形式，引出本目题下正文内容，激发学生学习兴趣，引发学生思考，便于学生更好地把握主要学习内容。

（2）相关链接：解释上一段正文中出现的核心概念、重要知识点，提供与正文相关的资料、案例等，是对上一段正文相关内容的解读、引证和拓展。

（3）启思导行：通过启迪思维和引导行动，对本框题已学内容进行总结、运用，将知识内化于心、外化于行。

（4）学以致用：是单元学习中不可缺少的内容，既有融会贯通本单元相关知识的功能，也有培养综合运用知识能力的功能。包括活动目标、活动任务与建议、活动评价等小板块。

此外，还引用习近平的重要论述、名人名言和古诗词等，与正文内容配合，增强可读性，起到画龙点睛的效果。

3. 新教材的内容与教学特点

中等职业学校思想政治课程基础模块的四本教材的内容特点如表1-3所示。

表1-3 中等职业学校思想政治课程基础模块四本教材的内容特点

教材名称	内容特点
《中国特色社会主义》	主要阐述中国特色社会主义的理论体系和实践经验,内容具有时代性、民族性、科学性和民主性等特点。教材旨在帮助学生深入了解中国特色社会主义的发展历程和核心价值,增强对中国特色社会主义的认同感和自豪感
《心理健康与职业生涯》	以心理健康教育和职业生涯规划为主线,内容具有针对性、实用性和活动性等特点。教材通过讲解心理健康知识、提供心理调适方法、指导职业生涯规划等方式,帮助学生提高自我认知、培养自律和独立思考的能力,为未来的职业发展做好准备
《哲学与人生》	以哲学为基础,探讨人生的意义、价值、境界等问题,内容具有思想性、启迪性和文化性等特点。教材通过引导学生思考哲学问题、了解不同文化背景下的人生观和价值观,培养学生的思辨能力和人文素养,提升其对人生的理解和追求
《职业道德与法治》	以职业道德和法治教育为核心,内容具有规范性、实践性和教育性等特点。教材通过讲解职业道德规范和法治原则,提供案例分析、情景模拟等实践环节,帮助学生树立正确的职业观和法治观,提高其职业道德素养和法律意识

这四本教材各有侧重,相互补充,共同构成了中等职业学校思想政治课程的完整体系。在此基础上,这四本教材的教学特点如表1-4所示。

表1-4 中等职业学校思想政治课程基础模块四本教材的教学特点

教材名称	教学特点
《中国特色社会主义》	本教材的教学特点主要体现在其政治性和实践性上。该课程的教学目标是帮助学生深入理解中国特色社会主义的理论体系和实践经验,因此,在教学过程中,教师需要强调其政治性,引导学生把握中国特色社会主义的核心价值和基本原则。同时,教师还需要注重实践性,将理论知识与中国的实际相结合,引导学生运用所学知识分析和解决现实问题
《心理健康与职业生涯》	本教材的教学特点主要体现在其针对性和活动性上。该课程针对中等职业学校学生的心理特点和职业发展需求,注重培养学生的自我认知、自律和独立思考的能力。因此,在教学过程中,教师需要针对学生的实际情况,采用灵活多样的教学方法,如案例分析、角色扮演、小组讨论等,引导学生积极参与,增强教学效果
《哲学与人生》	本教材的教学特点主要体现在其思想性和启迪性上。该课程以哲学为基础,探讨人生的意义、价值、境界等问题,旨在培养学生的思辨能力和人文素养。因此,在教学过程中,教师需要注重引导学生思考哲学问题,激发学生的思想火花,启迪学生的智慧。同时,教师还需要注重文化性,引导学生了解不同文化背景下的人生观和价值观,拓宽学生的视野
《职业道德与法治》	本教材的教学特点主要体现在其规范性和实践性上。该课程以职业道德和法治教育为核心,旨在帮助学生树立正确的职业观和法治观,提高其职业道德素养和法律意识。因此,在教学过程中,教师需要强调职业道德的规范性和法治的原则性,引导学生明确职业行为的标准和底线。同时,教师还需要注重实践性,通过案例分析、情景模拟等实践环节,帮助学生将所学知识内化为自己的行为准则

以上四本教材的教学特点各有侧重，但都注重培养学生的思想政治素质、职业道德素养和法律意识，为中等职业学校学生的全面发展打下坚实的基础。

（三）教材配套教师教学用书的内容体系模型

为帮助广大师生更好地理解、使用这套中职思想政治教科书，高等教育出版社组织各册教科书的编者、有丰富教学经验的优秀教研员和一线教师，共同编写了一套教师教学用书和学生学习用书（简称教学用书），与中职思想政治教科书配套使用。

教师教学用书旨在为一线教师提供理解教科书、备课上课的基本参考，从教科书逻辑梳理、教学目标要求、教学内容分析、教学重难点分析、教学示例或教学过程提示、教学方法建议、教学资源参考等方面层层解读，为教师将教科书内容转化为实际教学提供切实帮助。

1.单元内容说明

教师教学用书中"针对单元的内容说明"的内容结构如表1-5所示。

表1-5 教师教学用书中"针对单元的内容说明"的内容结构

内容结构		备注
1.单元地位与作用		—
2.单元教学目标	2.1 学生需要实现的知识和能力提升	—
	2.2 需达成的思想政治学科核心素养	—
3.单元内容概述		—
4.单元结构图		《中国特色社会主义》《心理健康与职业生涯》有这一设置

2.教学内容说明

教师教学用书中"针对某课的教学内容说明"的内容结构如表1-6所示。

表1-6 教师教学用书中"针对某课的教学内容说明"的内容结构

1.教学目标要求（基于新课标）	1.1 内容要求			
	1.2 教学提示			
	1.3 核心素养的达成			
2.教学内容分析	2.1 内容结构分析	2.1.1 第一框 ×××××××	2.1.1.1 第一目 ×××××××	
			2.1.1.2 第N目 ×××××××	
		2.1.2 第N框 ×××××××		
	2.2 栏目设计分析	2.2.1 第一框 ×××× ××××	2.2.1.1 某个"阅读与思考"	2.2.1.1.1 设计意图
				2.2.1.1.2 操作建议
				2.2.1.1.3 问题解析
				2.2.1.1.4 注意事项
			2.2.1.2 某个"相关链接"	2.2.1.2.1 设计意图
				2.2.1.2.2 操作建议
				2.2.1.2.3 注意事项
			2.2.1.3 "启思导行"	2.2.1.3.1 设计意图
				2.2.1.3.2 操作建议
				2.2.1.3.3 问题解析（《中国特色社会主义》没有这一项）
				2.2.1.3.4 注意事项
		2.2.2 第N框 ×××××××		
3.教学重难点分析	3.1 第一框中的教学重难点	3.1.1 为什么是教学重难点		
		3.1.2 突破该教学重难点，需要注意的几个方面		
	3.2 第N框中的教学重难点			
4.教学总体建议	4.1 课时安排建议			
	4.2 教学方法建议（或结合学情开展教学）			
	4.3 教学评价建议（《心理健康与职业生涯》《中国特色社会主义》中有这一设置）			

续表

5.教学过程提示（《中国特色社会主义》中为"教学示例"）	5.1 第一框题 ×××× ××××	5.1.1 教学知识要点（《心理健康与职业生涯》没有这一设置）
		5.1.2 课程准备环节
		5.1.3 课堂教学环节
		5.1.4 课堂小结（《哲学与人生》中有这一设置）
		5.1.5 课后反思环节
	5.2 第N框题 ×××× ××××	
6.教学资源参考（有的课中有二级细分）	6.1 ×××× ××××	
	6.2 ×××× ××××	
	6.3 ×××× ××××	

3.学以致用任务说明

教师教学用书中"针对学以致用中某一任务的内容说明"的内容结构如表1-7所示（《职业道德与法治》中整体上都没有这一设置）。

表1-7 "针对学以致用中某一任务的内容说明"的内容结构表

1.设计意图			
2.操作（实施）建议	2.1 活动1：×××× ××××	2.1.1 活动准备	2.1.1.1 教师准备
			2.1.1.2 学生准备
		2.1.2 活动实施（过程）	2.1.2.1 活动导入（部分活动有）
			2.1.2.2 活动步骤1
			2.1.2.3 活动步骤n
		2.1.3 活动总结、评价引领、注意事项、资源链接等（《中国特色社会主义》有这一层设置）	
	2.2 活动n：××××××××		
3.注意事项（《心理健康与职业生涯》设置了这一内容）			

（四）教材配套学生学习用书的内容体系模型

学生学习用书以学生喜闻乐见的形式呈现教科书内容，从而激发学生学习兴趣，帮助学生更好地学习、巩固和掌握教学内容。在充分考虑中职学生的认知特点和学习习惯的基础上，学生学习用书结合各册教科书的学科特点，设置了既一脉相承又各具特色的栏目，并通过设置多样化的活动情境，引导学生广泛联系生活实际，投身社会实践，在做中学、学中做，增强育人实效。

1.《中国特色社会主义》

《中国特色社会主义》学生学习用书"某一框"的内容体系如表1-8所示。

表1-8 《中国特色社会主义》学生学习用书"某一框"的内容体系

1.目标导航	
2.学法指导	2.1 课前任务
	2.2 知识梳理
3.能力训练	3.1 单项选择题
	3.2 分析运用题
4.参与践行	
5.拓展阅读	

2.《心理健康与职业生涯》

《心理健康与职业生涯》学生学习用书"某一课"的内容体系如表1-9所示。

表1-9 《心理健康与职业生涯》学生学习用书"某一课"的内容体系

1.本课学习目标	
2.我有疑问	
3.我做准备	3.1 我的预习
	3.2 测一测
4.我来解决	4.1 我思我悟
	4.2 我要行动
5.我来检查	5.1 判断题
	5.2 选择题
	5.3 分析题

续表

6.我会更多	6.1 知识拓展
	6.2 技能拓展
7.我做活动	

3.《哲学与人生》

《哲学与人生》学生学习用书"某一框"的内容体系如表1-10所示。

表1-10 《哲学与人生》学生学习用书"某一框"的内容体系

1.情境启迪	1.1 情境呈现	
	1.2 问题启迪	
2.观点感悟	2.1 观点问答	
	2.2 学习导航	2.2.1 知识结构归纳
		2.2.2 重点问题说明
		2.2.3 疑难问题解释
		2.2.4 哲理人生感悟
3.体验导行	3.1 素养测试	3.1.1 单项选择题
		3.1.2 理解说明题
	3.2 参与践行	

4.《职业道德与法治》

《职业道德与法治》学生学习用书中,设置了全书的"引言"部分,"引言"和"某一框"的内容体系如表1-11所示。

表1-11 《职业道德与法治》学生学习用书"引言"和"某一框"的内容体系

一、引言	1.情境启迪	1.1 情境呈现	
		1.2 问题启迪	
	2.观点感悟	2.1 观点问答	
		2.2 学习导航	2.2.1 知识结构归纳
			2.2.2 重点问题说明
			2.2.3 疑难问题解释
			2.2.4 相关内容拓展
			2.2.5 联系实际分析
	3.体验导行	3.1 素养测试	3.1.1 单项选择题
			3.1.2 理解说明题
		3.2 参与践行	

续表

二、某一课的某一框	1.情境启迪	1.1 情境呈现	
		1.2 问题启迪	
	2.观点感悟	2.1 观点问答	
		2.2 学习导航	2.2.1 知识结构归纳
			2.2.2 重点问题说明
			2.2.3 疑难问题解释
			2.2.4 相关内容拓展
			2.2.5 联系实际分析
	3.体验导行	3.1 素养测试	3.1.1 单项选择题
			3.1.2 理解说明题
		3.2 参与践行	

五、新时代中等职业学校思政课改革创新的要求模型

2019年8月，为深入贯彻落实习近平新时代中国特色社会主义思想和党的十九大精神，贯彻落实习近平总书记关于教育的重要论述，特别是在学校思想政治理论课教师座谈会上的重要讲话精神，全面贯彻党的教育方针，解决好培养什么人、怎样培养人、为谁培养人这个根本问题，坚持不懈用习近平新时代中国特色社会主义思想铸魂育人，中共中央办公厅、国务院办公厅印发了《关于深化新时代学校思想政治理论课改革创新的若干意见》。

在该文件中，与中等职业学校思想政治课改革创新相关的具体工作要求与要点如表1-12所示，供学校和思政课教师参考。

表1-12 《关于深化新时代学校思想政治理论课改革创新的若干意见》中的中等职业学校具体工作要点模型表

一级内容	二级细分内容点	中等职业学校相关的具体工作要点
二、完善思政课课程教材体系	整体规划思政课课程目标	高中阶段重在提升政治素养，引导学生衷心拥护党的领导和我国社会主义制度，形成做社会主义建设者和接班人的政治认同
	调整创新思政课课程体系	高中阶段开设"思想政治"必修课程，围绕学习习近平总书记最新重要讲话精神开设"思想政治"选择性必修课程

续表

一级内容	二级细分内容点	中等职业学校相关的具体工作要点
完善思政课课程教材体系	统筹推进思政课课程内容建设	遵循学生认知规律设计课程内容，体现不同学段特点，高中阶段重在开展常识性学习
	加强思政课教材体系建设	地方或学校开设的思政课选修课教材，由各地负责组织审定
建设一支政治强、情怀深、思维新、视野广、自律严、人格正的思政课教师队伍	加快壮大学校思政课教师队伍	制定关于加强新时代思政课教师队伍建设的意见，加强中小学专职思政课教师配备
	切实改革思政课教师评价机制	严把政治关、师德关、业务关，明确与思政课教师教学科研特点相匹配的评价标准，进一步提高评价中教学和教学研究占比
		按教师比例核定思政课教师专业技术职务（职称）各类岗位占比，高级专业技术职务（职称）岗位比例不低于学校平均水平，指标不得挪作他用
		要将思政课教师在中央和地方主要媒体上发表的理论文章纳入学术成果范畴
		实行不合格思政课教师退出机制
	加大思政课教师激励力度	各地要因地制宜设立思政课教师和辅导员岗位津贴，纳入绩效工资管理，相应核增学校绩效工资总量
		要把思政课教师作为学校干部队伍重要来源，学校党政管理干部原则上应有思政课教师、辅导员或班主任工作经历
	大力加强思政课教师队伍后备人才培养工作	加强思政课教师队伍后备人才思想政治工作，加大发展党员力度，提高党员发展质量
不断增强思政课的思想性、理论性和亲和力、针对性	加大思想性、理论性资源供给	组织思政课教师及时学习习近平总书记最新重要讲话精神，及时学习相关文件精神，全面理解和准确把握党中央重大决策部署
	加大思政课教研工作力度	建立健全思政课教师一体化备课机制，普遍实行思政课教师集体备课制度，全面提升教研水平
		遴选学科带头人担任各门课集体备课牵头人，学校领导干部要积极支持和主动参与
		建立思政课教师"手拉手"备课机制，发挥思政课建设强校和高水平思政课专家示范带动作用
		建立纵向跨学段、横向跨学科的交流研修机制，深入开展相邻学段思政课教师教学交流研讨
		推动建立思政课教师与其他学科专业教师交流机制
		大力推进思政课教学方法改革，提升思政课教师信息化能力素养，推动人工智能等现代信息技术在思政课教学中应用，建设一批国家级虚拟仿真思政课体验教学中心

续表

文件的一级内容	二级细分内容点	中等职业学校相关的具体工作要点
不断增强思政课的思想性、理论性和亲和力、针对性	切实加强思政课课题研究和成果交流	打造一批思政课国家精品在线开放课程，探索建设融媒体思政公开课，推动优质教学资源共享
	整体推进高校课程思政和中小学学科德育	整体推进学科德育
加强党对思政课建设的领导	积极拓展思政课建设格局	有关部门和各地要保证思政课管理人员配备，确保事有人干、责有人负
		强化各招生考试对学生学习思政课的指挥棒作用，将思政课学习实践情况等作为重要内容纳入综合素质评价体系，探索记入本人档案
		坚持开门办思政课，推动思政课实践教学与学生社会实践活动、志愿服务活动结合，思政小课堂和社会大课堂结合

第二章

融媒体的发展及其在教育教学中的应用

2014年8月，习近平总书记在中央全面深化改革领导小组第四次会议上强调："推动传统媒体和新兴媒体融合发展，要遵循新闻传播规律和新兴媒体发展规律，强化互联网思维，坚持传统媒体和新兴媒体优势互补、一体发展，坚持先进技术为支撑、内容建设为根本，推动传统媒体和新兴媒体在内容、渠道、平台、经营、管理等方面的深度融合。"研究融媒体在教育教学中的应用，就必须首先全面理解融媒体的内涵、发展历程、技术构成、资源类型及其与教育教学的结合点，以充分发挥融媒体在教育教学中的作用与价值。

一、融媒体的基本概念与发展历程

（一）融媒体的基本概念

融媒体是"媒体融合"的简称，媒体融合在我国被聚焦与关注始于20世纪90年代。学者崔保国于1999年在《技术创新与媒介变革》一书中详细阐释了媒介融合的重要意义："从本质上讲，融合是不同技术的结合，是两种或更多技术融合形成的某种新传播技术，由融合产生的新传播技术和新媒介功能大于原先各部分的总和"[①]。

国内学者董黎丽认为"融媒体"是指充分利用媒介载体，把广播、电视、报纸等既有共同点，又存在互补性的不同媒体，在人力、内容、宣传等方面进行全面整合，实现"资源通融、内容兼容、宣传互融、利益共融"的新型媒体融媒体[②]。

融媒体具有多样性、互动性和实时性的特点，可以通过不同的媒体形态传播信息，还可以通过用户的互动参与，实现信息的个性化和定制化。融媒体的应用非常广泛，在新闻媒体领域，融媒体可以通过文字、图片、视频等形态传播新闻，同时允许用户评论和互动。在广告行业，融媒体可以通过多种媒体形态展示内容，提高广告的传播效果。在教育、娱乐等领域，融媒体也有着广泛的应用。

[①] 崔保国.技术创新与媒介变革[J].当代传播,1999(6): 23-25, 33.
[②] 董黎丽.融媒体时代纸媒的优势及突围之道[J].新闻战线,2016(8): 48-49.

（二）融媒体的发展历程

融媒体的发展历程主要经历了多媒体时代、新闻网站时代、全媒体阶段、融媒体阶段。

多媒体时代

在互联网初步发展的时期，很多以单一媒介为主的传统媒体开始利用互联网开展多媒体信息传播，这是融媒体发展的初级阶段。

新闻网站时代

随着互联网的进一步发展，新闻网站逐渐成为人们获取信息的重要渠道。各大媒体机构纷纷建立自己的新闻网站，实现了线上线下的初步融合。

全媒体阶段

在这个阶段，各种媒介形态开始全面融合，包括文字、图片、音频、视频等多种形式融合的信息传播。同时，社交媒体等新兴平台的出现也加速了媒介融合的步伐。全媒体阶段后期，全媒体与融媒体概念开始并行使用。

融媒体阶段

融媒体阶段是全媒体阶段的升级版，它强调的不仅是媒介形态的融合，更是媒介机构之间的深度融合。在这个阶段，各大媒体机构开始建立跨平台的融媒体中心，实现内容、渠道、终端等多方面的深度融合。

总的来说，融媒体的发展历程是一个不断演进和深化的过程，它代表了信息化、数字化和网络化的最新趋势和发展方向。在未来，随着技术的不断进步和媒体形态的不断创新，融媒体的发展将继续深化和拓展。

二、融媒体的常用技术及其与教育教学的结合点

了解融媒体的常用技术与发展历程，是研究融媒体技术与教育教学技术结合点的基础。

（一）常见的融媒体技术

自2014年《关于推动传统媒体和新兴媒体融合发展的指导意见》发布，到印发《关于加快推进媒体深度融合发展的意见》，媒体融合发展成为国家战略。在这十年中，媒介融合经历了多个阶段，实现渠道、平台、经营、管理等方面的深度融合，在此过程中常见的融媒体技术有以下几种：

（1）数据中心技术：融媒体中心通过数据中心技术，对数据进行筛选、挖掘和整体分析，以满足用户需求，提供定制化、针对性的新闻资讯。数据中心技术的应用可以帮助媒体进行舆情监测、受众画像以及新闻选题，寻找有价值的新闻线索。

（2）客户端技术：通过移动终端，客户端技术可以推动媒体融合，完成媒体发布，对手机用户产生影响，建设主流媒体阵地。此外，客户端可以为电视、广播媒体提供内容平台，向媒体呈现海量的用户。

（3）人工智能技术：人工智能技术可以与记者合作，打造"人机联姻"模式。通过应用算法，人工智能可以帮助记者发现故事、分析数据、提供初稿。同时，通过对人工智能技术的充分运用，"媒体大脑"机器智能可以撰写、报道新闻。

（4）互联网技术：融媒体充分利用互联网技术，加强了媒体与用户之间的互动，提供了更多的参与渠道，使得用户能够更加方便地获取信息并进行反馈。互联网技术还实现了信息的即时发布和迅速传播，提高了信息的传递效率和精度。

（5）数字视频新媒体技术：传统媒体向融媒体拓展的一个重要方向就是包括网络视频、数字电视、手机电视、户外显示屏在内的各种视频媒体。未来，视频新媒体的发展将催生出更多的内容提供方式和信息服务形式变革，推动整个传媒业的融媒体发展进程。

（6）虚拟现实、传感器、增强现实等技术：这些技术以及定制化生产、个人云平台、人和物的协同会成为未来媒体技术的发展方向。

融媒体技术的发展趋势是多元化、专业化和细分化。随着技术的不断进步和应用领域的拓展，融媒体技术将为人们提供更加丰富多样的信息和服务。

（二）融媒体技术的发展历程

融媒体技术的发展，可以追溯至21世纪初的互联网浪潮。随着科技的进步和媒体形态的变革，融媒体技术逐渐崭露头角，成为当今媒体领域的重要组成部分。融媒体技术发展主要经历了萌芽阶段、快速发展阶段、融合创新阶段。

萌芽阶段
在互联网发展的早期，传统媒体开始尝试将内容数字化，并通过网络平台进行传播。这一时期，融媒体技术主要表现为简单的网页设计和信息发布，互动性有限。

快速发展阶段
随着Web 2.0时代的到来，社交媒体、博客、视频分享网站等新型媒体形态的不断涌现，用户生成内容（UGC）成为重要趋势。融媒体技术在这一阶段得到了快速发展，支持了更多形式的媒体内容生产和传播。

融合创新阶段
近年来，随着移动互联网、大数据、人工智能等技术的迅猛发展，融媒体技术进入了一个新的融合创新阶段。这一阶段的特点是媒体形态的多样化、传播渠道的碎片化以及用户需求的个性化。融媒体技术通过整合各类媒体资源和渠道，为用户提供更加丰富、便捷的信息服务。

在融媒体技术的发展过程中，几个关键的技术和趋势起到了重要的推动作用：

（1）移动互联网技术：智能手机的普及和移动互联网的发展，使得人们可以随时随地获取信息，极大地推动了融媒体技术的发展和应用。

（2）大数据技术：通过对海量数据的收集和分析，融媒体技术能够更准确地了解用户需求及其行为习惯，为个性化推荐和精准营销提供支持。

（3）人工智能技术：自然语言处理、图像识别等人工智能技术被广泛应用于融媒体内容生产和传播过程中，提高了内容的质量和效率。

展望未来，随着5G、物联网、区块链等新技术的不断发展和应用，融媒体技术将迎来更加广阔的发展空间和创新机遇。

（三）融媒体技术与教育教学技术的结合点

在数字时代，技术的飞速发展使得教育教学不再局限于传统的课堂模式。融媒体技术与教育教学技术的结合，为教育带来了革命性的变革。这两者之间的融合点主要体现在以下几个方面：

（1）丰富多彩的多媒体内容展示：随着融媒体技术的广泛应用，我们拥有前所未有的多媒体资源，如高清视频、动感的音频、生动的图像和更详细的文字资料。这些多媒体资源在教育教学中的应用，使得教学内容更加生动有趣，大大提升了学生的学习兴趣和积极性。教师可以灵活运用这些资源，创建出更加吸引学生的课堂。

（2）构建交互式的学习环境：融媒体技术的一大特点是交互性强。结合教育教学技术，我们可以为学生创建一个充满互动的学习环境。例如，学生可以通过在线问答、学习社区等平台，与老师、同学实时交流，分享学习心得，共同解决问题。这种交互式的学习方式，不仅提高了学习效果，还培养了学生的合作与沟通能力。

（3）满足个性化的学习需求：融媒体技术还可以通过数据分析和用户画像，深入了解学生的学习需求和兴趣偏好。这为教师提供了宝贵的参考，帮助他们根据学生的特点，订制个性化的学习方案，推荐合适的学习资源，实现真正的因材施教。

（4）突破时空限制的远程教学与在线教育：融媒体技术的另一个显著优势是能够突破时空限制。借助直播、录播、在线课程等融媒体形式，学生可以在任何时间、任何地点进行学习，极大地提高了教育的普及率和可及性。这为那些地处偏远地区或时间不便的学生提供了宝贵的学习机会。

（5）高效的教学资源共享与整合：融媒体技术还能够实现教学资源的共享与整合。通过融媒体平台，教师可以轻松搜索、筛选、整合优质的教学资源，形成丰富多样的教学内容，从而提高教学质量。这种资源共享的模式，不仅提高了资源的利用效率，还促进了教育教学的创新与发展。

融媒体技术与教育教学技术的结合，为教育带来了无限的可能性。它们之间的融合点不仅推动了教育教学的创新与发展，还大大提高了教学效果和学习体验。随着技术的不断进步，我们有理由相信，未来的教育将更加美好。

（四）融媒体教学与传统信息化教学的相互关系

融媒体技术与资源的教学应用，它们其实是信息化教学家族中的新成员。但与传统的信息化教学相比，它们更像是"超级进化版"。传统的信息化教学，就像我们的初代智能手机，虽然有了基础的功能，如使用多媒体课件、在线课程等，但仍有其局限性，比如资源较为单一、互动不够流畅等。

而融媒体教学，则像是最新款的智能手机，整合了各种元素，如文字、图片、音频、视频、虚拟现实等，为我们创造了一个更加生动、多元和互动的学习环境。它不仅仅保留了传统信息化教学的优点，还对其进行了全面的优化和升级，使教学更加全面、立体和个性化。

这两者之间的关系，可以说是"互补共赢"。融媒体教学通过其强大的资源整合能力，实现了教学资源的共享和优化配置，避免了资源的浪费。同时，它也非常注重互动与参与，鼓励学生与老师、同学之间进行深入的交流和合作，使学习变得更加有趣和高效。此外，融媒体教学还非常注重满足学生的个性化需求，为他们提供定制化的教学内容和方式。

融媒体教学与传统信息化教学之间的关系，就像是一场精彩的接力赛。传统信息化教学为我们打下了坚实的基础，而融媒体教学则在此基础上，以更加先进的技术和理念，为我们带来了更加广阔和深入的学习体验。它们共同为培养具有创新精神和实践能力的新型人才，提供了强大的支持。

三、融媒体、教育教学中的数字资源类型及两者的结合点

了解融媒体中常用的数字资源类型，是研究融媒体常见数字资源与教育教学数字资源结合点的基础。

（一）融媒体中常见的数字资源类型

融媒体包括的数字资源类型非常广泛，主要包括文本资源、图片资源、音频资源、视频资源和数据资源，如下图所示。

文本资源

包括新闻报道、社论、评论、专访、特写等各类文字稿件。这些文本资源是融媒体内容的基础，可以通过不同的平台进行传播和分享。

图片资源

包括新闻照片、图表、漫画、插图等各类图片素材。这些图片资源可以增强文章的表现力和吸引力，使读者更加直观地了解新闻事件和背景。

音频资源

包括各类录音报道、广播节目、访谈、讲座、音乐等音频素材。这些音频资源可以通过广播、网络等平台进行传播，满足不同听众的需求。

视频资源

包括新闻报道、纪录片、访谈节目、直播等各类视频素材。这些视频资源可以通过电视、网络等平台进行播放，为观众提供更加生动、真实的视听体验。

数据资源

包括各类统计数据、调查报告、分析文章等。这些数据资源可以为新闻报道和评论提供有力的支持和参考。

在融媒体时代，这些数字资源类型并不是孤立存在的，而是相互关联、相互补充的。通过将这些不同类型的数字资源进行有机融合和整合，可以形成更加丰富、多样的融媒体产品，满足不同用户的需求。同时，这些数字资源也可以为媒体机构提供更加全面、准确的数据支持和分析依据，推动融媒体行业的持续发展。

（二）教育教学中常见的数字资源类型

在教育教学领域，数字资源已成为不可或缺的教学工具。它们以多样化的形式存在，为教学提供了丰富的素材和手段。以下是教育教学中常见的数字资源类型及其主要特点：

（1）课件资源：课件资源是教育教学中使用最为广泛的数字资源之一。它们以PPT、PDF、Word等格式呈现，涵盖了各学科的教学内容。这些资源为教师提供了便捷的教学工具，同时也为学生提供了系统的复习资料。

（2）音视频资源：音视频资源在教育教学中发挥着重要作用。它们包括教学录像、微课、慕课、听力材料等，具有直观、生动的特点。通过音视频资源，学生可以更加直观地理解知识，提高学习效果。

（3）多媒体资源：多媒体资源融合了文本、图像、动画、数据等多种元素，为学生提供了丰富的学习材料。电子书、电子期刊、数字图书馆、网上报刊等都属于多媒体资源的范畴。这些资源不仅拓展了学生的知识面，还激发了学生的学习兴趣。

（4）试题库资源：试题库资源包括各类考试的真题、模拟题、练习题等，是学生学习和巩固知识的重要工具。通过试题库资源，学生可以针对自己的薄弱环节进行有针对性的练习，提高应试能力。

（5）交互式教学资源：交互式教学资源如在线测试、在线问答、虚拟实验等，具有高度的互动性。这类资源能够激发学生的学习兴趣，提高他们的参与度和学习效果。通过交互式教学资源，学生可以更加深入地理解和掌握知识。

此外，还有一些其他类型的数字教育资源，如教育游戏、教育软件、教育网站等。这些资源各具特色，可以根据实际教学需求进行选择和使用。随着技术的不断进步和教育理念的不断更新，数字教育资源的类型和形式也在不断丰富和发展。教师在使用这些资源时，应根据教学目标和学生的需求进行合理选择和组合，以尽可能发挥其教学价值。

（三）融媒体数字资源与教育教学数字资源的共性

融媒体和教育教学中常见的数字资源类型之间存在一些交集或共性，这些共性主要包括音视频资源、图文资源、数据资源、交互式资源等数字资源。

音视频资源

无论是在融媒体传播中，还是在教育教学中，音视频资源都占据着重要地位。在融媒体中，音视频资源包括新闻报道、访谈、纪录片等；而在教育教学中，它们则包括教学录像、微课、听力材料等。这些资源具有直观、生动的特点，能够帮助学生或观众更好地理解和掌握知识或信息。

图文资源

图文资源在融媒体和教育教学中也都有广泛应用。在融媒体中，图文资源包括新闻报道、评论、专访等文字稿件，以及新闻照片、图表、漫画等图片素材；而在教育教学中，图文资源则以课件、教案、电子书等形式存在。这些资源以文字和图像的方式传递信息，具有简洁明了的特点。

数据资源

在融媒体和教育教学中，数据资源也发挥着重要作用。在融媒体中，数据资源包括各类统计数据、调查报告等，用于支持新闻报道和评论；而在教育教学中，数据资源则主要以试题库、学生成绩等数据形式存在，用于支持教学评价和决策。

交互式资源

随着技术的发展，交互式资源在融媒体和教育教学中的应用也越来越广泛。在融媒体中，交互式资源包括在线问答、互动游戏等；而在教育教学中，则包括在线测试、虚拟实验等。这些资源具有交互性强的特点，能够激发学生的学习兴趣或观众的参与热情。

（四）融媒体数字资源与教育教学数字资源的差异

融媒体和教育教学中常见的数字资源类型，虽然有着一些相似之处，但它们也有很明显的差异：

（1）主要目的不同。融媒体数字资源主要是为了把多媒体信息整合起来，让大家在新闻、广告、娱乐等领域里能更方便地获取信息。而教育教学数字资源，主要是为了让教学更加生动有趣，提高学习效果，帮助学生们更好地学习和成长。

（2）内容形式不同。融媒体数字资源的内容可以包罗万象，包括新闻报道、评论、专访、纪录片、直播等等，应有尽有。而教育教学数字资源则更注重教学性和实用性，比如课件、教案、试题库、在线课程等，都是为了让学生们更好地掌握知识。

（3）使用场景不同。融媒体数字资源主要在新闻媒体、广告媒体、娱乐媒体等领域里发挥作用，满足大家的信息需求和娱乐需求。而教育教学数字资源则主要出现在学校、培训机构等教育场所，帮助老师们进行教学，让学生们更好地学习。

（4）交互性不同。虽然两者都有一定的交互性，但侧重点不同。融媒体数字资源更注重与观众的互动，比如在线问答、投票、评论等，让观众们能更深入地参与进来。而教育教学数字资源则更注重与学生的互动，比如在线测试、虚拟实验、学习社区等，鼓励学生们主动学习和协作学习。

总的来说，融媒体和教育教学中常见的数字资源类型之间的差异性体现在主要目的、内容形式、使用场景和交互性等方面。这些差异性也展现了数字资源在不同领域中的独特性和专业性。

（五）融媒体数字资源与教育教学数字资源的结合点

对于现代教育而言，融媒体数字资源与教育教学数字资源的结合具有深远的意义。这种结合不仅丰富了教学内容，还提升了教学效果，为教师们提供了更多的教学工具和手段。融媒体数字资源与教育教学数字资源的结合点主要包括以下方面。

（1）内容的高度整合与共享：融媒体数字资源和教育教学数字资源都包含

丰富的文字、图片、音视频素材。当这两者结合时，教师可以轻松获取多样化的教学资源，并整合成符合教学需求的内容。这种整合不仅满足了教师的备课需求，还为学生提供了更加全面、生动的学习材料。

（2）多媒体在教学中的深化应用：融媒体数字资源凭借其多媒体特性，为课堂教学带来了革命性的变革。教师可以利用这些资源制作精美的课件、展示生动的实验过程、播放与课程相关的视频片段等。这种多媒体展示方式不仅能吸引学生的注意力，还能帮助学生更好地理解和掌握知识。

（3）增强教学互动与反馈：融媒体数字资源和教育教学数字资源都具有交互性，二者的结合使得教学互动更加频繁和有效。教师可以通过在线投票、问答、讨论等方式，及时了解学生的学习情况，调整教学策略。同时，学生也可以积极参与互动，提出问题和建议，形成双向的教学交流。

（4）个性化教学的有力支持：融媒体数字资源能够通过数据分析为学生提供精准的用户画像，而教育教学数字资源则能提供个性化的学习内容和路径。这种结合使得教师能够针对每个学生的学习需求和兴趣偏好，制定个性化的教学方案，为学生提供更加精准的学习支持。

（5）推动远程教育与在线学习的发展：随着信息技术的不断发展，远程教育和在线学习已经成为趋势。融媒体数字资源和教育教学数字资源都能为远程教育和在线学习提供强大的支持。通过直播、录播、在线课程等形式，教师可以为学生提供灵活多样的学习方式，满足学生随时随地学习的需求。

综上所述，融媒体数字资源与教育教学数字资源的结合为现代教学带来了许多创新和便利。这种结合不仅丰富了教学内容和手段，还提高了教学效果和学习体验。因此，教师们应该积极探索和应用这种结合方式，推动教育教学的创新与发展，提高教学效果和学习体验。

四、职业院校数字化教学资源与融媒体化发展

要深入探索职业院校数字化教学资源在融媒体时代的发展走势，首要任务是清晰界定数字化教学资源的组成及各自特性，这是构成融媒体化数字资源建设的基石。

（一）《职业院校数字校园规范（2020）》的资源分类

为贯彻落实全国教育大会精神，落实《国家职业教育改革实施方案》《教育信息化"十三五"规划》和《教育信息化2.0行动计划》，发展"互联网+职业教育"，规范、引导职业院校在新形势下的信息化工作，教育部于2020年6月发布了《职业院校数字校园规范》。职业院校数字化教学资源可以依托这一规范进行研究、开发与应用。

1.《职业院校数字校园规范（2020）》的内容体系

《职业院校数字校园规范（2020）》规范详细阐述了职业院校在数字校园建设方面应遵循的标准和要求，涵盖了基础设施建设、教学资源开发、教学应用创新、管理信息系统、网络信息安全、保障体系等方面的内容，以加快职业教育信息化发展，提高教育质量和效益，培养高素质劳动者和技术技能人才。《职业院校数字校园规范（2020）》的内容体系如表2-1所示。

表2-1　《职业院校数字校园规范（2020）》的内容体系

1.引言	
2.总体要求	
3.师生发展	
4.数字资源	4.1 总体要求
	4.2 通用性基础资源
	4.3 仿真实训资源
	4.4 数字化场馆资源
	4.5 数字图书馆资源
	4.6 数字资源管理与共享
5.教育教学	5.1 总体要求
	5.2 产教融合办学
	5.3 信息化人才培养
	5.4 信息化教学与培训
	5.5 信息化教研科研
	5.6 信息化教学管理与评价
6.管理服务	6.1 总体要求
	6.2 一站式服务平台
	6.3 校务管理
	6.4 业务管理
	6.5 校园生活服务

续表

7.支撑条件	7.1 总体要求和建设方式
	7.2 信息化基础设施
	7.3 教学环境建设
	7.4 平安校园
	7.5 后勤保障
8.网络安全	
9.组织体系	
10.评价指标	

2.《职业院校数字校园规范（2020）》中的资源分类

在《职业院校数字校园规范（2020）》中，职业院校数字资源按照其应用的场所分为课堂与实训室数字化教学资源、数字化场馆资源和数字图书馆资源，其中课堂与实训室数字化教学资源包括通用性基础资源和仿真实训资源。数字资源的来源包括以下方面。

（1）开放资源：基于非商业用途，遵循资源版权要求，借助网络信息技术自由使用和修改的数字资源，包括开放在线课程（含MOOCs）、开放课件（含微课）、开放教学材料、开放软件、职业教育专业教学资源库等。

（2）引进资源：学校以购买、接受捐赠等形式从校外引入的教学资源，包括但不限于企业为满足市场需求、契合时代发展而建设的数字资源以及教育教学APP等。

（3）校本资源：学校自主开发的具有自主版权的资源，包括学校自主建设或与其他学校、企业等单位合作研发的教学资源。

教育部《职业院校数字校园规范（2020）》所定义的数字资源分类体系如表2-2所示。

表2-2 基于《职业院校数字校园规范（2020）》的数字资源分类体系

1.课堂与实训室数字化教学资源	1.1 通用性基础资源	1.1.1 媒体素材
		1.1.2 试题
		1.1.3 试卷
		1.1.4 课件
		1.1.5 案例

续表

1.课堂与实训室数字化教学资源	1.1 通用性基础资源	1.1.6 文献资料
		1.1.7 网络课程
		1.1.8 教学工具软件（包括教学APP）
		1.1.9 常见问题解答
		1.1.10 资源目录索引
	1.2 仿真实训资源（按照虚拟现实技术的不同划分）	1.2.1 桌面级虚拟仿真实训资源
		1.2.2 沉浸性虚拟仿真实训资源
		1.2.3 增强型虚拟仿真实训资源
		1.2.4 分布式仿真实训资源
2.数字化场馆资源	2.1 职业体验馆	
	2.2 数字博物馆	
	2.3 数字艺术馆	
	2.4 数字科技馆	
3.数字图书馆资源	由电子期刊、电子图书、音乐、电影、视觉艺术收藏品等不同的数字化项目组成	

以下是教育部《职业院校数字校园规范（2020）》对各类数字资源分析概念的定义。

A.通用性基础资源

该规范所界定的通用性基础资源是以CELTS-41.1 2002-09中的教育资源为基础进行了适当拓展，分为十类：媒体素材、试题、试卷、课件、案例、文献资料、网络课程、教学工具软件（包括教学App）、常见问题解答和资源目录索引。这些细分资源的含义与说明如下：

a.媒体素材：媒体素材是传播教学信息的基本材料单元，可分为六种：文本类素材、图形/图像类素材、音频类素材、视频类素材、动画类素材和三维模型类素材。

b.试题：试题是测试中使用的问题、选项、正确答案、得分点和输出结果等的集合。

c.试卷：试卷是用于进行多种类型测试的典型成套试题。

d.课件：课件是对一个或几个知识点进行呈现的多媒体材料或软件，分为助讲型课件（教师使用的PPT讲稿等）、助学型课件（学生学习的视频等）。随着互联网和移动终端的普及应用，基于手机的短视频被大量采用，这类课件称为微课件（简称微课）。

e. 案例：案例是指由各种媒体元素组合表现的有现实指导意义和教学意义的代表性事件或现象。

f. 文献资料：文献资料是指有关教育方面的政策、法规、条例、规章制度，对重大事件的记录、重要文章、书籍等。

g. 网络课程：网络课程是通过网络表现的教学内容及实施的教学活动的总和，它包括两个组成部分：按一定的教学目标、教学策略组织起来的教学内容和网络教学支撑环境。网络课程包括网络辅助课程、混合课程和在线课程三种形态。在线课程又有大规模开放在线课程（MOOCs）、小范围开放在线课程（SPOCs）等形式。从应用视角出发，1+X证书网络课程所涉及的活页式教材、专业教学资源库等数字资源亦包括在内。

h. 教学工具软件：教学工具软件是基于PC和移动终端（包括手机）开发的支持学习、教学和管理的小工具、小软件。基于手机等移动终端的教学工具软件表现形式为各种App，如翻译词典、思维导图工具、图像编辑工具、视频编辑工具、数学公式编辑工具、课件制作工具、几何画板、数学建模与仿真工具、基于物联网的信息采集工具、智能型交互学习与实验工具等。

i. 常见问题解答：常见问题解答是针对某一具体领域最常出现的问题给出全面的解答。

j. 资源目录索引：资源目录索引是列出某一领域中相关的网络资源地址链接和非网络资源的索引。

B. 仿真实训资源

广义来说，一切可用于职业教育教学实践环节的数字化资源均可称为仿真实训资源，包括用于工程设计与制造的计算机辅助设计（CAD）和计算机辅助工程（CAE）软件，用于职业训练过程的仿真实训软件等。仿真实训资源更多为专业类资源，体现职业院校的教学要求。提倡构建基于互联网的仿真实训资源，以便大范围共享应用。

根据该规范，仿真实训资源的分类体系如表2-3所示。

表2-3 《职业院校数字校园规范（2020）》中的仿真实训资源分类体系

1.根据实践环节的不同划分	1.1 仿真实验软件	仿真实验软件是指将多媒体技术应用于实验环节中，以期达到观察现象、学会方法、自主操作的效果，其主要教学目的是验证理论、巩固知识、培养兴趣以及培养分析问题与解决问题的能力
	1.2 仿真实训软件	仿真实训软件是指应用于职业技能训练过程的软件，以期达到熟悉操作、技能养成的目的
	1.3 仿真实习软件	仿真实习软件指用于生产性实习中的仿真软件，主要目的是缓解下厂实习难的问题
2.根据是否有实物介入划分	2.1 完全依靠计算机系统的软件仿真	
	2.2 有实物介入（包括真实实物、仿真实物、替代实物）的仿真	
3.按照虚拟现实技术的不同划分	3.1 桌面级虚拟仿真实训资源	
	3.2 沉浸性虚拟仿真实训资源	
	3.3 增强型虚拟仿真实训资源	
	3.4 分布式仿真实训资源	
4.根据对内容覆盖的不同划分	4.1 元件/工具级	针对一个元器件、简易工具进行讲解、参数调整和拆装
	4.2 仪器/技能级	针对一台仪器、实验装置或一个操作技巧进行学习
	4.3 实验室/车间级	能够完成一系列操作，如一个交流整流电源试验等
	4.4 工种/工厂级	对特定工种和级别主要技能进行全仿真，包括初级工、中级工、高级工等
	4.5 专业群/产业链级	配合仿真实训基地，对特定专业所有课程主要技能进行全仿真，形成仿真实训教学体系

C.数字化场馆资源

数字化场馆资源的分类及含义如下：

a. 职业体验馆：职业体验馆是指为学生提供亲身参与、亲身感悟各种职业全过程的在线体验馆。职业体验馆一般采用企业行业构建、院校引入应用的模式。

b. 数字博物馆：数字博物馆是运用多媒体技术、网络技术和虚拟现实技术，将实体博物馆的功能以数字化方式完整呈现在互联网上的博物馆。数字博物馆一般采用社会构建、院校引入应用的模式。

c. 数字艺术馆：数字艺术馆是利用数字技术完美再现艺术作品，同时向观众展示和介绍如何运用现代信息技术创造出数字艺术作品的场馆。数字艺术馆一般采用行业和社会构建、院校引入应用的模式。

d. 数字科技馆：数字科技馆是运用计算机网络技术、多媒体技术、虚拟现实技术将科技知识和技术以数字方式展现出来的一个虚拟的科技馆。数字科技馆一般采用社会构建、院校引入应用的模式。

D.数字图书馆资源

数字图书馆：数字图书馆由电子期刊、电子图书、音乐、电影、视觉艺术收藏品等不同的数字化项目组成。数字图书馆的构建应考虑与国家、地区、行业和其他院校图书馆的共建共享。

（二）当前职业院校重点建设的数字化教学资源类型

当前职业院校重点建设的数字化教学资源类型指的是职业院校在现阶段优先投入并重点发展的，利用数字技术创建的多样化、互动性强的教学资源种类，以提升教学质量和学习体验。这些数字化教学资源都是职业教育财政性建设项目中的重点建设内容。

1.微课与微课程

在《职业院校数字校园规范（2020）》中，"微课"属于"通用性基础资源"中的"课件"资源类型。文件对"微课"的定义是：随着互联网和移动终端的普及应用，基于手机的短视频被大量采用，这类课件称为微课件（简称微课）。但职业院校的微课教学资源的建设与应用的实际含义与此有所区别。

"微课"这一术语在实际应用中有时被用作"微型网络课程"的简称，有时又被理解为一种短小精悍的"课件"或教学资源。这两个概念在某种程度上有重叠，但也有区别。在教育技术和在线学习领域，术语的使用往往具有一定的灵活性和演变性。微课的确切定义可能会因不同的教育环境、技术平台和教学需求而有所变化。

（1）什么是微课

在"课件"的范畴下，微课是一种新型的数字化教学资源，以短小精悍的视频为主要呈现形式，通常控制在几分钟到十几分钟之内，紧密聚焦某一特定知识点或技能点进行深入浅出的讲解。这种教学资源融合了文本、图片、音频、动画等多种媒体元素，形成了丰富多彩的技术呈现，旨在提供更具吸引力和互动性的学习体验。微课的技术呈现形式充分利用了现代信息技术的优势，如流媒体技术保证了视频的流畅播放，交互设计则增强了学习者的参与感和学习效果。

此外，微课还具备高度的灵活性和可重用性，既可以作为独立的学习单元供学习者自主学习，也可以嵌入到更大的课程结构中作为辅助教学资源。通过微课，学习者能够随时随地按需学习，有效提升学习效率和效果。因此，微课已成为现代教育领域中一种重要的教学资源，广泛应用于在线教育、移动学习、混合式教学等多种教育场景中。

（2）什么是微课程

微课程是一种由一系列紧密关联的微课组成的完整、小型的在线学习课程。它不仅包含了多个微课教学资源，还融入了明确的教学目标、完整的教学结构、丰富的学习活动以及相应的评估机制。每个微课都聚焦于课程中的一个具体知识点或技能点，而整个微课程则围绕一个更大的主题或学习目标展开，确保学习者能够系统地掌握相关知识和技能。

微课程通过短视频、图文、音频等多媒体元素进行技术呈现，提供丰富的学习材料和互动练习，以激发学习者的学习兴趣和积极性。同时，微课程还注重学习路径的规划和导航，帮助学习者按照既定的学习进度和节奏进行学习，实现知识的逐步累积和提升。

与传统的网络课程相比，微课程更加短小精悍，注重知识点的细分和精细化处理。它适用于各种学习场景，如在线教育平台、移动学习应用、课堂教学辅助等，为学习者提供了更加灵活、便捷的学习选择。通过微课程的学习，学习者可以随时随地按需学习，有效提升学习效果和自主学习能力。

（3）微课、微课程与融媒体教学发展

随着信息技术的快速发展和职业教育的深化改革，微课及微课程与职业院校融媒体教学之间的关系日益紧密。微课和微课程以其独特的优势，成为推动职业院校融媒体教学发展的重要力量。

首先，微课和微课程为职业院校融媒体教学提供了丰富、多样的教学资源。通过制作短小精悍、针对性强的微课视频，职业院校可以将复杂的知识点或技能点进行精细化处理，形成易于理解和掌握的学习单元。这些微课资源可以嵌入到融媒体教学平台中，与其他教学资源相结合，形成完整、系统的课程体系，满足学习者多样化的学习需求。

其次，微课和微课程的灵活性和可重用性特点，使得它们成为职业院校融媒体教学中的重要组成部分。教师可以根据教学需要，随时调用和组合不同的微课资源，构建个性化的教学方案。同时，微课和微课程也可以作为学习者自主学习的资源，支持他们根据个人兴趣和需求进行自主选择和安排学习进度。

此外，微课和微课程的制作和应用过程，也有助于提升职业院校教师的信息技术应用能力和教学创新能力。教师在制作微课和微课程的过程中，需要掌握视频制作、编辑、发布等技能，这对于提升他们的信息素养和数字化教学能力具有重要意义。同时，通过不断创新微课和微课程的设计理念和教学方法，教师也可以推动职业院校融媒体教学的持续创新和发展。

综上所述，微课及微课程与职业院校融媒体教学发展之间存在着相互促进、共同发展的关系。通过充分利用微课和微课程的优势，职业院校可以不断提升融媒体教学的质量和效果，培养更多具备高素质技术技能人才。

2. 网络学习空间

为深入贯彻落实党的十九大精神，积极推进"互联网+"行动，更加规范有序地推动"网络学习空间人人通"发展，切实加快教育信息化进程，以教育信息化支撑和引领教育现代化，服务教育强国建设，教育部于2018年4月16日发布了《网络学习空间建设与应用指南》，其内容体系如表2-4所示。

（1）什么是网络学习空间

根据《网络学习空间建设与应用指南》，网络学习空间可以定义为：一个融资源、服务、数据为一体，支持共享、交互、创新的网络虚拟学习场所。这个空间是基于互联网的，可以为学生提供集成化的学习环境和教学服务，让他们能够随时随地访问学习资源、在线课程、教学资料等学习内容，并与教师和其他学习者进行交流互动。

表2-4 《网络学习空间建设与应用指南》的内容体系表

	前言	
1.总则		1.1 网络学习空间的内涵
		1.2 空间建设与应用目标
		1.3 空间建设与应用原则
		1.4 空间建设与应用流程

续表

2. 网络学习空间的构成	
3. 个人与机构空间	3.1 个人空间基本功能
	3.2 教师角色功能
	3.3 学生角色功能
	3.4 家长角色功能
	3.5 管理者角色功能
	3.6 机构空间基本功能
4. 公共应用服务	4.1 资源共享服务
	4.2 教学支持服务
	4.3 学习交互服务
	4.4 决策评估服务
5. 数据分析服务	
6. 空间安全保障	

网络学习空间不仅整合了各类教学应用和学习管理系统,还支持智能设备的全面感知,以实现远程异地并班教学、资源共享、教学支持、学习交互、决策评估和数据分析等功能。它满足了教师、学习者、教育管理者等不同角色的需求,是促进教育信息化和教育现代化的重要工具。因此,网络学习空间可以视为一个基于互联网的、集成化的、交互式的虚拟学习环境,它利用现代信息技术和教育理念的创新,为师生提供了更加灵活、高效、个性化的学习体验。

（2）网络学习空间与融媒体教学发展

网络学习空间与职业院校融媒体教学发展之间存在着密切的关系。首先,网络学习空间为职业院校提供了一个基于互联网的、集成化的、交互式的虚拟学习环境,这为融媒体教学的开展提供了有力的技术支持和环境保障。在这个环境中,教师可以利用丰富多样的数字教育资源和智力资源,设计并实施虚实融合的教学活动,满足学生个性化、多样化的学习需求。

其次,网络学习空间的动态性、进化性、聚合性、联通性和适应性等特点,与融媒体教学的理念高度契合。融媒体教学强调信息的多元化、传播的快速化和互动的频繁化,而网络学习空间正好能够提供这样的学习环境。学生可以在这个空间中获取各种形式的学习资源,如文本、图像、音频、视频等,并与其他学习者进行实时交流和互动,从而提升学习效果。

此外,网络学习空间还支持多种角色的互动交流,如教师、学生、家长等。

这为职业院校融媒体教学的多元评价提供了可能。在融媒体教学中，评价不再只是教师对学生的单向评价，而是包括学生自评、互评、家长评价等多个方面。网络学习空间可以记录学生的学习过程和学习成果，为这种多元评价提供数据支持。

最后，网络学习空间的建设与应用也是职业院校融媒体教学发展的重要推动力。随着网络学习空间功能的不断完善和优化，它将为职业院校融媒体教学提供更多的创新可能和发展空间。

综上所述，网络学习空间与职业院校融媒体教学发展之间存在着相互促进、相互依存的关系。网络学习空间为融媒体教学提供了技术支持和环境保障，而融媒体教学的发展又推动了网络学习空间的建设与应用。

3. 职业教育在线精品课程

2022年7月，教育部办公厅发布了《关于开展2022年职业教育国家在线精品课程遴选工作的通知》（教职成厅函〔2022〕18号，简称"通知"）。该文件指出，为贯彻落实新修订的职业教育法，根据《关于推动现代职业教育高质量发展的意见》《国家职业教育改革实施方案》《职业教育提质培优行动计划（2020—2023年）》部署，决定开展2022年职业教育国家在线精品课程遴选工作。由此，"职业教育在线精品课程"的概念正式形成并开始进行建设。

（1）职业教育在线精品课程的概念

"职业教育在线精品课程"可以定义为经过严格筛选和评审，具备高质量教学内容和先进教学方法的职业教育网络课程。这些课程充分运用现代信息技术手段，与职业教育教学深度融合，旨在为学生提供优质、高效、便捷的学习体验。课程内容符合职业教育特点和行业需求，注重实践技能培养和职业素养提升，有助于满足社会对高素质技术技能人才的需求。与"通知"文件配套的附件包括了《2022年职业教育在线精品课程观测指标》，即"职业教育国家在线精品课程"的建设标准。

（2）职业教育在线精品课程与融媒体教学发展

职业教育在线精品课程与职业院校融媒体教学发展之间存在着紧密的关系。首先，职业教育在线精品课程为职业院校融媒体教学提供了丰富、优质的教学资源。这些课程资源经过严格筛选和评审，具备高质量的教学内容和先进的教学方法，为融媒体教学提供了有力的支撑。通过引入这些在线精品课程，职业院校可以丰富融媒体教学的内容，提升教学质量和效果。

其次，融媒体教学作为职业院校教学的重要手段之一，也为在线精品课程的应用和推广提供了广阔的平台。通过融媒体教学的方式，职业院校可以将在线精品课程与课堂教学、实践教学等相结合，实现线上线下教学的有机融合，提高学生的学习效果和兴趣。同时，融媒体教学的互动性和多样性的特点也使得在线精品课程更加生动、有趣，更易于被学生接受和喜爱。

最后，职业教育在线精品课程与职业院校融媒体教学的发展相互促进、相互推动。随着在线精品课程的不断完善和优化，将为融媒体教学提供更多的创新可能和发展空间。同时，融媒体教学的深入应用也将推动在线精品课程的建设与应用，促进职业教育教学的数字化、网络化、智能化发展。

综上所述，职业教育在线精品课程与职业院校融媒体教学发展之间存在着密切的联系和互动。二者相互依存、相互促进，共同推动职业教育教学的创新与发展。

（三）面向教师数字资源应用习惯的数字资源分类

"面向教师数字资源应用习惯的数字资源分类"这一概念，是指根据教师在实际教学中对数字资源的应用需求与习惯，对资源进行详细分类与整合，进而构建一个清晰有序的资源体系。此项归类旨在帮助教师快速定位所需资源，提高资源的使用效率与教学效果，同时也为资源的开发与管理提供有力指导与支持。通过此种分类方式，我们能更好地理解和组织数字资源，以适应实际教学的需要，并精准反映教师的真实需求和使用习惯，从而为数字教育资源的研发者和提供者提供宝贵的参考与借鉴。

1. "课件型数字资源"和"集成型数字资源"

为了更好地研究职业院校的融媒体教学资源应用，在这里我们可以将职业院校的数字资源分为"课件型数字资源"和"集成型数字资源"。将职业院校的数字资源分为"课件型数字资源"和"集成型数字资源"具有一定的合理性，因为这种分类方式有助于更好地组织和管理不同类型的数字资源，以满足不同的教学需求和学习场景。

"课件型数字资源"可以包括单个的、独立的数字化教学资源，如微课视频、教学PPT、教学图片等，这些资源通常针对某个具体的知识点或技能点进行设计，方便教师进行课堂讲解或学生自主学习。这种类型的资源具有灵活性高、易于更新和维护的特点。

而"集成型数字资源"则可以将多个课件型数字资源进行整合和集成，形成一个完整、系统的数字化教学资源包或在线课程。这种资源包可以包括一门课程的所有相关教学资源，如视频、课件、习题、实验等，以及课程的学习目标、教学大纲、教学计划等元数据信息。这种类型的资源具有系统性、完整性和结构化的特点，更适合于进行长期、系统的学习。

在实际应用中，这两种类型的数字资源可以相互补充和支持。例如，教师可以利用课件型数字资源进行课堂讲解和演示，然后引导学生利用集成型数字资源进行课后自主学习和巩固。同时，学校也可以根据不同的专业和课程特点，有针对性地建设和完善不同类型的数字资源，以满足多样化的教学需求。

不过，需要注意的是，这种分类方式并不是绝对的，有些数字资源可能同时具有课件型和集成型的特点。因此，在实际操作中，还需要根据具体情况进行灵活处理，以确保数字资源的分类和组织能够更好地服务于教学和学习。

2. "教师本地教学资源"和"外部链接型资源"

从融媒体教学研究的角度，我们还可以将职业院校的数字资源分为"教师本地教学资源"和"外部链接型资源"。将职业院校的数字资源在融媒体教学应用中分为"教师本地教学资源"和"外部链接型资源"是一种切合实际的分类方式，它有助于教师根据资源的特性和使用场景进行高效的管理和应用。

教师本地教学资源：这些资源是教师自己制作、收集并存储在个人设备（如笔记本电脑、U盘、移动硬盘）上的教学资源。这类资源的优势在于其便携性和灵活性，教师可以随时随地调用这些资源，不受网络限制，方便在不同的教学环境或场合中进行使用。教师本地教学资源通常包括课件、教案、教学视频、习题库等，这些内容是教师根据教学经验和课程需求精心准备的，具有很高的针对性和实用性。

外部链接型资源：这些资源主要来源于学校各类相关系统（如教学管理系统、在线课程平台）以及互联网上的学校外部资源。外部链接型资源的优势在于其丰富性和时效性，它们通常包含大量的最新信息和多样化的教学资源，可以为学生提供更广阔的学习视野和更多的学习机会。通过在融媒体教学系统中嵌入外部链接，教师可以方便地引导学生访问这些资源，进行拓展学习和深入研究。

这种分类方式有助于教师清晰地识别和管理不同类型的数字资源，并根据教学需求和学习场景进行灵活的应用。同时，学校也要鼓励教师积极开发和利用本地教学资源，同时整合和优化外部链接型资源，以提升融媒体教学的效果和质量。在实际应用中，教师需要注意资源的更新和维护，确保本地教学资源的时效性和准确性；同时，在引入外部链接型资源时，要关注资源的来源和内容的适宜性，确保为学生提供安全、健康、有价值的学习资源。

3. 以上两种数字资源分类方式的关系

在融媒体教学发展趋势下，职业院校数字资源的两种分类方式——"课件型数字资源"与"集成型数字资源"，以及"教师本地教学资源"与"外部链接型资源"——存在内在的关系。这种关系主要体现在资源的性质、使用场景以及管理方式上。

首先，"课件型数字资源"和"教师本地教学资源"在很大程度上是重叠的。课件型数字资源通常指的是针对某个具体知识点或技能点设计的数字化教学资源，如微课视频、PPT等。这些资源往往由教师制作并保存在本地设备中，以便随时调用和展示。因此，课件型数字资源在很大程度上可以视作教师本地教学资源的一种。

其次，"集成型数字资源"和"外部链接型资源"也具有一定的相关性。集成型数字资源通常是将多个课件型数字资源进行整合和集成，形成一个完整、系统的数字化教学资源包或在线课程。这些资源包可能包含了一门课程的所有相关教学资源，如视频、课件、习题等。而外部链接型资源则主要来源于学校各类相关系统以及互联网上的学校外部资源，这些资源同样具有丰富性和多样性。在实际应用中，集成型数字资源可能包含或链接到外部链接型资源，以便为学生提供更全面的学习体验。

最后，从管理方式的角度来看，这两种分类方式也相辅相成。教师本地教学资源需要教师进行个人管理和维护，确保其时效性和准确性；而外部链接型资源则需要学校或相关机构进行统一管理和维护，确保其来源的可靠性和内容的适宜性。同时，学校也要鼓励教师将本地教学资源进行共享和整合，形成更具系统性的集成型数字资源。

因此，这两种分类方式之间存在内在的关系：课件型数字资源与教师本地教学资源在很大程度上是重叠的；集成型数字资源可能包含或链接到外部链接型资源；同时，这两种分类方式在管理上也相辅相成。这种关系有助于我们更好地理解和应用职业院校的数字资源，推动融媒体教学的持续发展。

4.融媒体教学资源规划要点：本地化课件及外部链接资源

基于以上两种分类体系及其关系的研究，可以得出一个结论，即：职业院校在融媒体教学规划与设计中，融媒体教学资源规划的核心要点之一，就是针对某个具体的教学内容规划好该教学内容的"教师本地化课件资源"和"外部链接型资源"内容与来源。

首先，教师本地化课件资源是融媒体教学的基础。这些资源由教师根据教学需求和学生特点精心制作，具有高度的针对性和适用性。通过充分利用这些本地化课件资源，教师可以确保教学内容与课程目标紧密契合，同时根据学生的反馈和需求进行灵活调整和优化。

其次，外部链接型资源为融媒体教学提供了丰富的拓展和补充。通过引入外部链接型资源，教师可以为学生提供更广阔的学习视野和更多元化的学习体验。这些资源可以来自学校各类相关系统、教育网站、行业资讯等，具有时效性和前瞻性，有助于学生了解行业动态和最新发展趋势。

在规划融媒体教学资源时，教师需要充分考虑这两种资源的互补性和协同作用。本地化课件资源与外部链接型资源应该相互配合，共同构建起完整、系统的融媒体教学体系。同时，教师还需要关注资源的更新和维护，确保资源的时效性和准确性，以满足不断变化的教学需求。

最后，职业院校在融媒体教学规划与设计中还需要注重资源的整合和优化。学校可以建立统一的融媒体教学资源管理平台，对教师本地化课件资源和外部链接型资源进行集中管理和共享。通过资源整合和优化，学校可以提高教学资源的使用效率和效益，促进教学质量的提升。

通过充分利用"教师本地化课件资源"和"外部链接型资源"两种资源的互补性和协同作用，并注重资源的整合和优化，职业院校可以推动融媒体教学的持续发展，提升教学质量和效果。

5. 教师本地化课件资源、外部链接型资源的常见类型

基于以上对《职业院校数字校园规范（2020）》资源分类、当前职业院校重点建设的数字化教学资源类型、基于融媒体教学发展的数字资源等方面的研究，我们针对职业院校的数字资源，规划出教师本地化课件资源、外部链接型资源的常见类型。

（1）教师本地化课件资源的构成参考模型

针对教师本地化课件资源，可以形成如表2-5所示的参考模型。

表2-5 职业院校面向教师数字资源应用习惯的本地化数字资源分类

序号	数字资源的应用类型	
1	文本（含表格）	电子教材
		教学文件
2	图片/图像	
3	PPT课件	
4	二维动画	
5	三维动画与虚拟仿真、虚拟现实	三维动画
		虚拟仿真
		虚拟现实
6	音视频资料素材	音频
		视频短片
7	课程录像	课堂录像
		实训录像
		屏幕捕获
8	微课	
9	题库及试卷库	
10	行业资料库及专业文献	
11	教学案例库（含实训案例）	
12	目录索引	

"面向教师数字资源应用习惯的本地化数字资源分类"涵盖了教师在教学过程中可能使用到的所有类型的数字资源。这样的分类有助于教师更好地管理和应用数字资源，提高教学效果和效率。以下是对相关数字资源的简要说明：

①文本（含表格）：包括电子教材和教学文件等，是教师进行教学设计和备课的基本素材。

②图片/图像：可以用于制作课件、教学演示等，有助于学生更直观地理解教学内容。

③PPT课件：是教师常用的教学演示工具，可以包含文本、图片、图表等多种元素，具有丰富的表现力和交互性。

④二维动画：可以用于演示教学过程中的一些抽象概念或复杂过程，帮助学生更好地理解和掌握。

⑤三维动画与虚拟仿真、虚拟现实：包括三维动画、虚拟仿真和虚拟现实等，可以模拟真实场景或实验环境，为学生提供更直观、更真实的学习体验。

⑥音视频资料素材：包括音频和视频短片等，可以用于辅助教学讲解或提供背景资料等。

⑦课程录像：包括课堂录像、实训录像和屏幕捕获等，可以记录教学过程或实验操作过程，方便学生回顾和复习。

⑧微课：是一种短小精悍的课件形式，可以针对某个知识点或技能点进行深入讲解和演示。

⑨题库及试卷库：是教师进行作业布置、考试命题等的重要依据和参考。

⑩行业资料库及专业文献：可以为教师提供丰富的行业资讯和专业文献资料，支持教师进行科研和教学研究。

⑪教学案例库（含实训案例）：包含各种实际案例和实训项目，可以帮助学生将理论知识与实际应用相结合，提高解决问题的能力。

⑫目录索引：方便教师快速定位和管理各类数字资源，提高工作效率。

（2）外部链接型资源的构成参考模型

针对教师本地化课件资源，可以形成表2-6所示的参考模型，这一模型可以帮助教师更好地理解和应用外部链接型资源，以丰富教学内容，提升教学效果。

表2-6 在教师本地化课件资源之外的外部链接型资源参考模型

类别	子类别	资源示例与描述
在线课程与教育资源平台	职业教育MOOCs	如中国职教MOOCs、学堂在线职教课程等，聚焦职业教育领域的在线课程平台
	行业技能教育资源库	如各行业协会或领先企业开设的在线课程和技能培训资源
	产教融合平台	校企合作项目、产业学院等提供的在线教育资源和实践机会
学术资料与专业文献	职业教育期刊与论文数据库	收录职业教育领域学术论文、案例研究和行业报告的数据库
	行业规范与标准	提供各行业的技术标准、操作规范、职业资格标准等
	职业素养与就业指导资料	针对职业教育学生的职业素养提升和就业指导的图书、文章等
行业资讯与动态	行业发展趋势分析	聚焦职业教育相关行业的发展趋势、市场需求等分析报告
	行业新闻与动态更新	职业教育相关行业的新闻报道、政策解读、市场动态等
	企业案例与实战经验分享	来自一线企业或行业领先者的案例研究、实战经验分享等
教育技术工具与服务	实践教学管理平台	支持职业教育实践教学的管理、评估和反馈的系统或工具
	虚拟仿真实训系统	提供虚拟仿真实训环境和模拟操作，帮助学生掌握实践技能
	职业技能评估与认证平台	提供职业技能评估、认证和证书颁发的在线平台
政府与教育机构资源	职业教育政策与法规	来自政府和教育部门的职业教育政策文件、发展规划和指导意见
	产教融合项目与资金扶持	政府推动的产教融合项目、校企合作项目以及相关的资金扶持政策
	职业教育公共服务平台	提供职业教育资源、信息发布、交流互动等功能的公共服务平台
社区与同行交流平台	职业教育社交媒体群组	如微信群、QQ群等聚焦职业教育的社交媒体群组，方便教师、学生和行业人士交流互动
	行业论坛与社区	职业教育相关行业的论坛、社区等，分享行业经验、教学资源和求职信息
	校企合作与产教融合交流平台	促进学校与企业之间合作、交流的平台或活动，推动产教融合深入发展

这个模型涵盖了多个方面的外部链接型资源，旨在帮助教师根据自己的教学需求和学生的学习目标，灵活选择和整合这些资源，以丰富教学内容，提升教学效果。同时，这个模型也强调了资源的多样性、时效性和互动性，以满足现代职业教育的需求和挑战。

（四）职业院校数字化教学资源的融媒体化应用模式

融媒体化应用模式是指在数字资源的使用过程中，通过建立本地文件关联或外部资源链接的方式，将各种数字资源有机地融合到课件中，实现多媒体的交互和呈现。这种模式可以帮助教师更加灵活地整合和利用各种数字资源，提升课件的丰富度和教学效果。

1. 教师本地化课件资源的融媒体化应用模式

"职业院校教师本地化课件资源的融媒体化应用模式"如表2-7所示。

表2-7 职业院校教师本地化课件资源的融媒体化应用模式

序号	教室本地化课件资源的应用类型		资源特性	数字资源的融媒体化应用模式
1	文本（含表格）	电子教材	集成型资源	在文件里面承载本地文件关联或外部资源链接
		教学文件	教学文件信息记录	电子化的课程标准、教学大纲、电子教案等，不面向教学过程应用，但要记录资源素材的来源
2	图片/图像		素材型资源	在素材所在集成文件内容里面，建立本地文件关联或外部资源链接
3	PPT课件		集成型资源	在文件里面承载本地文件关联或外部资源链接
4	二维动画		素材型资源	在素材所在集成文件内容里面，建立本地文件关联或外部资源链接
5	三维动画与虚拟仿真、虚拟现实	三维动画	素材型资源	在素材所在集成文件内容里面，建立本地文件关联或外部资源链接
		虚拟仿真	软件应用型资源	在导引图片所在集成文件内容里面，建立本地启动关联或外部资源链接
		虚拟现实	软件应用型资源	在导引图片所在集成文件内容里面，建立本地启动关联或外部资源链接
6	音视频资料素材	音频	素材型资源	在素材所在集成文件内容里面，建立本地文件关联或外部资源链接
		视频短片	素材型资源	在素材所在集成文件内容里面，建立本地文件关联或外部资源链接
7	课程录像	课堂录像	素材型资源	在素材所在集成文件内容里面，建立本地文件关联或外部资源链接
		实训录像	素材型资源	在素材所在集成文件内容里面，建立本地文件关联或外部资源链接
		屏幕捕获	素材型资源	在素材所在集成文件内容里面，建立本地文件关联或外部资源链接
8	微课		素材型资源	在素材所在集成文件内容里面，建立本地文件关联或外部资源链接
9	题库及试卷库		集成型资源	在文件里面承载本地文件关联或外部资源链接

续表

序号	教室本地化课件资源的应用类型	资源特性	数字资源的融媒体化应用模式
10	行业资料库及专业文献	素材型资源	在素材所在集成文件内容里面，建立本地文件关联或外部资源链接
11	教学案例库（含实训案例）	素材型资源	在素材所在集成文件内容里面，建立本地文件关联或外部资源链接
12	目录索引	集成型资源	在文件里面承载本地文件关联或外部资源链接

这个表格模型是为了展示职业院校教师在制作本地化课件时，如何根据不同的数字资源应用类型和资源特性，选择合适的融媒体化应用模式。表格中列出了多种常见的数字资源，如文本、图片、PPT课件、动画、音视频资料等，并指出了它们的资源特性，如素材型资源、集成型资源或软件应用型资源。

（1）集成型资源：是指那些已经整合了多种媒体元素和交互功能的完整教学资源。它们通常以独立的文件或软件包形式存在，如PPT课件、完整的课程视频等。这些资源可以直接嵌入或链接到教学平台中，为教师和学生提供完整的教学体验。

（2）素材型资源：素材型资源是指那些用于辅助教学的单个媒体元素或小型教学资源，如图片、音频片段、短视频等。它们通常不包含完整的教学结构，但可以灵活地组合和编辑到各种教学场景中，增加教学的多样性和丰富性。

（3）软件应用型资源：软件应用型资源是指那些需要特定软件或应用程序才能使用的教学资源，如虚拟仿真软件、在线实验平台等。这些资源通常具有高度的交互性和实用性，可以模拟真实的工作环境或实验条件，帮助学生更好地理解和掌握相关知识。

通过参考这个表格模型，职业院校教师可以更好地理解和应用数字资源，选择适合的融媒体化应用模式，从而制作出更加生动、有趣的课件，激发学生的学习兴趣和积极性。同时，这个模型也为教育机构和教育技术开发者提供了有价值的参考，有助于他们开发出更符合教师需求的数字资源和教学工具。

2.外部链接型资源的融媒体化应用模式

当我们将关注点从本地化课件资源转向外部链接型资源时，需要考虑的是如何有效地将外部资源融入职业院校的教学环境中,并实现其融媒体化的应用。职业院校外部链接型资源的融媒体化应用模式见表2-8。

表2-8 职业院校外部链接型资源的融媒体化应用模式

序号	外部资源的应用类型	资源特性	融媒体化应用模式
1	在线课程与教育资源平台	集成型资源	嵌入课程页面或学习管理系统(LMS)中的外部链接,实现单点登录与资源同步
2	行业数据库与知识库	素材型资源	通过API接口或嵌入式搜索框,实现实时数据抓取与课程内容更新
3	实时新闻与行业动态	时效性资源	利用RSS订阅或新闻聚合工具,将最新行业资讯推送至教学平台
4	互动模拟与实验平台	软件应用型资源	通过远程访问或虚拟桌面技术,将模拟实验环境集成至教学流程中
5	企业案例与实战经验分享	素材型资源	建立企业合作渠道,通过外部链接直接访问企业案例库或经验分享平台
6	专业社区与论坛	交流型资源	引导学生参与专业社区讨论,通过外部链接实现课堂与社区的互动
7	多媒体素材库(图片、音频、视频)	素材型资源	利用外部素材库的API接口,直接在课程制作过程中搜索和嵌入所需多媒体素材
8	在线评估与测试工具	工具型资源	与外部评估工具集成,实现学生学业成绩的实时跟踪与反馈
9	开源软件与教育应用	软件应用型资源	引导学生通过外部链接访问和使用开源软件,促进实践教学与技能提升
10	行业标准与规范文档	参考型资源	提供直接链接至权威行业标准和规范文档的网站,确保教学内容与行业标准对接

在这个模型中,我们考虑了不同类型的外部资源,并根据其特性提出了相应的融媒体化应用模式。

(1)交流型资源:那些能够促进师生之间、学生之间以及学生与外部专家之间交流和协作的教学资源,如专业社区、论坛、在线协作工具等。这些资源有助于打破传统教学的局限性,促进学生之间的互动和合作,提高学生的沟通能力和团队协作能力。

(2)工具型资源:那些能够辅助教师进行课程设计、学生评估和教学管理的教学工具或应用程序,如在线测试工具、学习管理系统(LMS)等。这些资源的特点在于其便捷性和实用性,可以帮助教师提高教学效率和质量,同时也可以为学生提供更加个性化和自主化的学习体验。

(3)参考型资源:那些提供权威、准确、全面的信息和数据的教学资源,如行业标准、规范文档、专业数据库等。这些资源的特点在于其权威性和准确性，可以为教师和学生提供可靠的知识支持和信息参考，有助于提高教学质量和促进学生的深度学习。

这些模式旨在帮助职业院校教师更加灵活地利用外部资源，丰富教学内容，提升教学质量。同时，这些外部资源的有效整合也有助于提高学生的学习体验和技能掌握水平。

（五）职业院校融媒体教学资源构成与应用总体模型

融媒体教学资源的构成与应用总体模型，是一个系统框架，旨在整合与优化多媒体教学资源，以适应现代教学需求。它涵盖了从文字、图片到音频、视频、交互性内容等多种媒体元素的集成，通过融媒体平台实现资源的灵活组合与呈现。职业院校的融媒体教学资源的构成与应用总体模型如表2-9所示。

表2-9 职业院校融媒体教学资源的构成与应用总体模型

序号	教师本地化课件资源的应用类型		资源特性	数字资源的融媒体化应用模式	外部融媒体资源类型
1	文本（含表格）	电子教材	集成型资源	在文件里面承载本地文件关联或外部资源链接	①文本资源：新闻报道、社论、评论、专访、特写等各类文字稿件 ②图片资源：新闻照片、图表、漫画、插图等各类图片素材 ③音频资源：各类录音报道、广播节目、访谈、讲座、音乐等音频素材
1	文本（含表格）	教学文件	教学文件信息记录	电子化的课程标准、教学大纲、电子教案等，不面向教学过程应用，但要记录资料素材的来源	
2	图片/图像		素材型资源	素材型资源在素材所在集成文件内容里面使用，按需建立本地文件关联或外部资源链接	
3	PPT课件		集成型资源	在文件里面承载本地文件关联或外部资源链接	
4	二维动画		素材型资源	在素材所在集成文件内容里面，建立本地文件关联或外部资源链接	
5	三维动画与虚拟仿真、虚拟现实	三维动画	素材型资源	在素材所在集成文件内容里面，建立本地文件关联或外部资源链接	
5	三维动画与虚拟仿真、虚拟现实	虚拟仿真	软件应用型资源	在导引图片所在集成文件内容里面，建立本地启动关联或外部资源链接	
5	三维动画与虚拟仿真、虚拟现实	虚拟现实	软件应用型资源	在导引图片所在集成文件内容里面，建立本地启动关联或外部资源链接	

续表

序号	教师本地化课件资源的应用类型		资源特性	数字资源的融媒体化应用模式	外部融媒体资源类型
6	音视频资料素材	音频	素材型资源	在素材所在集成文件内容里面，建立本地文件关联或外部资源链接	④视频资源：新闻报道、纪录片、访谈节目、直播等各类视频素材 ⑤数据资源：各类统计数据、调查报告、分析文章等 ⑥应用程序资源：各类互联网应用系统及其应用（含小程序）
6	音视频资料素材	视频短片	素材型资源	在素材所在集成文件内容里面，建立本地文件关联或外部资源链接	
7	课程录像	课堂录像	素材型资源	在素材所在集成文件内容里面，建立本地文件关联或外部资源链接	
7	课程录像	实训录像	素材型资源	在素材所在集成文件内容里面，建立本地文件关联或外部资源链接	
7	课程录像	屏幕捕获	素材型资源	在素材所在集成文件内容里面，建立本地文件关联或外部资源链接	
8	微课		素材型资源	在素材所在集成文件内容里面，建立本地文件关联或外部资源链接	
9	题库及试卷库		集成型资源	在文件里面承载本地文件关联或外部资源链接	
10	行业资料库及专业文献		素材型资源	在素材所在集成文件内容里面，建立本地文件关联或外部资源链接	
11	教学案例库（含实训案例）		素材型资源	在素材所在集成文件内容里面，建立本地文件关联或外部资源链接	
12	目录索引		集成型资源	在文件里面承载本地文件关联或外部资源链接	

在这一框架下，教师能够根据教学目标和内容，选择适合的融媒体资源，设计富有创意的教学活动，从而提升学生的学习体验与教学效果。同时，模型也强调教学互动与个性化学习的支持，通过数据分析与反馈机制，不断优化教学资源的应用策略。

五、教育教学中可以形成的常见融媒体系统应用

基于对融媒体常见技术和数字资源类型的研究，及其与教育教学结合点的思考，可以归纳总结出教育教学中可以形成的常见融媒体应用类型，为下一步研究

融媒体在中等职业学校思想政治课教学应用奠定重要的知识基础。

（一）教育教学中可以形成的常见融媒体应用

在教育教学中，可以形成多种常见的融媒体应用，这些应用充分利用了融媒体技术的优势，为教学提供了更加多元化、互动性强的环境。以下是一些常见的融媒体应用：

（1）互动式教学平台：这种平台结合了多媒体教学资源，如视频、音频、动画等，允许教师和学生进行实时互动。教师可以利用平台进行直播授课，学生可以通过弹幕、评论区等方式提问和参与讨论，形成活跃的课堂氛围。

（2）虚拟实验室：利用虚拟现实（VR）和增强现实（AR）技术，可以构建虚拟实验室，让学生在虚拟环境中进行实验操作。这种应用不仅可以降低实验成本，还可以避免一些危险实验的风险，同时提供更加直观、生动的学习体验。

（3）在线测试和评估系统：这种系统可以自动生成试卷、进行在线测试和成绩统计，帮助教师及时了解学生的学习情况，提供针对性的教学反馈。同时，学生也可以利用系统进行自我评估和知识巩固。

（4）多媒体教学资源库：这种资源库整合了各类教学资源，如课件、教案、试题库、教学视频等，方便教师和学生随时随地获取和使用。资源库的建立有助于实现教学资源的共享和最大化利用。

（5）智慧教室：这是一种集成了多种信息技术的智能化教学环境，包括智能投影、互动白板、无线音响等设备。智慧教室可以实现多媒体内容的展示、教学互动、课堂管理等多种功能，提升教学效果和学生的学习体验。

（6）移动学习应用：随着移动设备的普及，移动学习应用成为一种流行的学习方式。这些应用可以提供课程视频、在线测试、学习进度跟踪等功能，让学生在手机或平板电脑上随时随地进行学习。

教育教学中可以形成的常见融媒体应用包括互动式教学平台、虚拟实验室、在线测试和评估系统、多媒体教学资源库、智慧教室以及移动学习应用等。这些应用为教学提供了更加多元化、互动性强的环境，有助于提升教学效果和学生的学习体验。

（二）职业院校数字校园规范中的资源管理与共享

在《职业院校数字校园规范（2020）》中，对"数字资源管理与共享"进行了规范和说明。具体要求如下：

（1）教学资源管理与共享服务旨在实现院校内及院校间数字教学资源充分共享、有效应用，一般以数字教学资源中心的形式呈现。

（2）数字教学资源中心应实现学校数字教学资源的统一汇聚和管理，便于教师和学生在教学过程中查询和使用服务；支持数字教学资源在校际间共享，并以此为基础形成校际间教学共同体；还应支持校内优质资源开放到互联网，同时还应将互联网开放教育资源汇聚于中心，为师生提供一站式资源查询服务。

（3）依托数字教学资源中心的技术平台可以支持院校之间联合建设专业教学资源库，这类资源库一般由职业院校牵头，行业企业共同参与，以职业教育专业为依托，利用现代信息技术手段，建立共建共享平台的资源认证标准和交易机制，扩大优质资源覆盖面。

（4）数字教学资源中心和专业教学资源库还应满足职业院校师生、企业员工和社会学习者"能学、辅教"需求，通过登录平台，自主选择进行系统化、个性化的自主学习。

目前，大部分职业院校都已经建立了自己的共享型专业教学资源库、数字教学资源中心、专业教学资源库系统。因此，职业院校的"数字教学资源中心和专业教学资源库"也将成为职业院校融媒体资源的一个核心载体。同时，目前职业院校当前或正在建设的相关信息系统也需要考虑增加融媒体相关技术与应用支撑。

（三）融媒体技术及其应用在教育教学中的价值

融媒体在教育教学中扮演着至关重要的角色，其应用不仅拓宽了教育的渠道和形式，更在实质上提升了教育质量和效果。表2-10是融媒体在教育教学中详尽的应用。

表2-10 融媒体在教育教学中详尽的应用

序号	内容主题		具体描述
1	提升教育质量	知识传递的革新	传统的教育方式往往依赖于教师的口头讲解和静态的教材。而融媒体技术通过视频、音频、动画等多种形式,使知识传递更加直观和生动,更能吸引学生的注意力,提高他们的学习兴趣
		增强交互性	通过在线讨论、实时问答、互动游戏等方式,融媒体技术为学生和教师之间、学生与学生之间提供了更多的交流和互动机会。这种交互不仅增强了学生的参与感,也有助于他们在交流中深化理解和巩固知识
2	适应个性化需求	自适应学习	学生可以根据自己的学习进度和理解程度,自由选择学习的内容和节奏。融媒体平台可以记录学生的学习轨迹,为他们提供定制化的学习建议和资源,帮助他们更好地掌握知识
		激发兴趣	通过生动有趣的多媒体内容,融媒体教学能够更好地激发学生的内在学习动力。对于不善于或不喜传统学习方式的学生,融媒体教学为他们打开了新的学习之门
3	培养创新思维	多角度思考	通过多媒体的多元化展示,学生可以从多个角度看待和理解知识,培养他们的创新思维和批判性思维能力
		解决问题能力的提升	融媒体教学常常结合实际情境,引导学生解决实际问题。这种教学方式有助于培养学生的实际操作能力和问题解决能力
4	思想政治素养的培养	价值观的塑造	在学校,融媒体平台作为思想政治教育的载体,可以及时传播党的方针政策,帮助学生树立正确的世界观、人生观和价值观
		社会责任感的培养	通过融媒体平台,学生可以更深入地了解社会热点问题,参与社会讨论,增强他们的社会责任感和公民意识
5	提升媒介素养	信息筛选能力	在信息爆炸的时代,学生需要具备筛选、鉴别信息的能力。融媒体教育有助于培养学生在海量信息中筛选有价值内容的能力
		批判性思维	面对复杂的媒介信息,学生需要具备批判性思维能力,不被虚假信息所误导。融媒体教育可以帮助学生建立批判性思维,正确看待和处理媒介信息

融媒体在教育教学中的应用是全方位的,它不仅改变了知识的传递方式,提升了教育质量,还为学生的个性化学习、创新思维培养以及思想政治素养的提升提供了有力支持。随着技术的不断进步,融媒体在教育教学中将会发挥越来越重要的作用。

第三章

中职思政课信息化教学要求与实施要点

融媒体教学应用是信息化教学的一种实现模式与手段。本章将研究基于《中等职业学校思想政治课程标准（2020年版）》的中等职业学校思想政治课程教学要求、当前中等职业学校思政课教学中存在的问题、运用现代信息技术提高思政教学效率的重要性，并逐步确定中等职业学校思政课信息化教学的着力点。在此基础上，再进一步确定融媒体技术与资源在思政课教学中的核心价值与应用。

一、基于新课标的思政课教学要求分析总结

思政课程的实施，要以课程标准为依据，落实立德树人根本任务，将培育学生的学科核心素养贯穿于教学活动全过程。在教学实践中，要遵循教育教学规律、思想政治教育规律和中职学生身心发展规律，激发学生学习兴趣，提高思想政治教学的吸引力，有效提高教学质量。这些构成了思政课的总体实施要求。

（一）基于新课标的思政课教学要求内容模型

在思政课程总体实施要求的基础上，新课标的第六部分"课程实施"中的"（一）教学要求"部分，与教师的课程教学规划、设计与实施工作密切相关。本部分包括五项教学要求：

（1）坚持正确育人导向，强化价值引领。
（2）准确理解学科核心素养，科学制定教学目标。
（3）围绕议题设计活动，注重探讨式和体验性学习。
（4）加强社会实践活动，打造培育学科核心素养的社会大课堂。
（5）运用现代信息技术，提高教学效率。

通过将每一项教学要求的具体内容分析、细化、归纳，形成"《中等职业学校思想政治课程标准（2020年版）》的教学要求内容模型"，以便于教师更好地理解该部分的文字内容、结构化知识体系，更好地在教学规划、设计与实施中落实好相关"教学要求"，具体内容如表3-1所示。

表3-1 《中等职业学校思想政治课程标准（2020）》的教学要求内容模型

1.教学的总体要求	1.1 以课程标准为依据	
	1.2 立足新时代新要求	
	1.3 将学科核心素养贯穿于教学活动全过程	1.3.1 制定教学目标时，要准确理解学科核心素养的内涵、表现及相互关系
		1.3.2 结合具体教学内容和教学任务，思考学科核心素养在教学中的孕育点、生长点
		1.3.3 要关注学科核心素养目标融入教学内容和教学过程的具体方式及载体
	1.4 强化价值引领	
	1.5 激发学生学习兴趣	
	1.6 提高思想政治教学的吸引力	
2.教学实施需关注的学生特性	2.1 中职学生知识水平	
	2.2 中职学生年龄特征	
	2.3 所学专业特点及相关行业和产业发展情况	
3.创新教学方式方法	3.1 情境体验	
	3.2 问题辨析	
	3.3 社会活动（学科内容的教学与社会实践活动相结合）	3.3.1 志愿服务
		3.3.2 社会调查
		3.3.3 专题访谈
		3.3.4 参观访问
		3.3.5 实习实训
		3.3.6 各种职业体验
		3.3.7 注重乡土资源、校企合作企业资源的开发与利用
4.围绕议题设计活动，注重探讨式和体验性学习	4.1 围绕议题设计活动进行教学	
	4.2 要创设问题情境，激发学生的学习兴趣	
	4.3 注重引导学生在活动体验、合作探讨中学习	
	4.4 议题确定需考虑的要求	4.4.1 确定议题的学科课程具体内容
		4.4.2 展示议题的价值判断基本观点
		4.4.3 了解学生对议题相关问题的认识状况与原有经验
		4.4.4 了解议题的实践价值
	4.5 议题活动设计应统筹涉及的主要内容和相关知识	
	4.6 宗教工作任务重的地区的要求	

续表

5.运用现代信息技术，提高教学效率	5.1 形成有意义的互动学习环境	
	5.2 借助信息技术优化整合课堂教学	
	5.3 利用具有交互功能的网络学习空间，引导学生体验开放式学习	
	5.4 探索信息化教学形式	5.4.1 远程协作
		5.4.2 实时互动
		5.4.3 移动学习

（二）新课标对思政学科教学方式的总体要求

通过归纳总结，《中等职业学校思想政治课程标准（2020年版）》中所讲到的思政学科教学方式汇总如表3-2所示。

表3-2 《中等职业学校思想政治课程标准（2020年版）》中所涉及的教学方式

序号	学科主要教学方式		任务完成与评价设置
1	情境体验		根据不同的教学方式针对性设置相应的评价方式
2	合作探讨		
3	案例教学		
4	社会实践		
5	翻转课堂		
6	信息化教学	6.1 基于信息技术的互动学习环境	
		6.2 基于信息技术优化整合课堂教学	
		6.3 基于网络学习空间引导学生体验开放式学习	
		6.4 探索远程协作、实时互动、移动学习等信息化教学形式	
7	线下和线上结合的混合式学习		

新教材在内容编排上，紧密结合了《中等职业学校思想政治课程标准（2020年版）》中强调的教学方式，充分体现了教育教学改革的新理念。情境体验、合作探讨、案例教学、社会实践、翻转课堂以及信息化教学等多种教学方法，都在新教材中得到了深入的贯彻和落实。这些教学方法不仅增强了学生的学习兴趣，也提升了思政课程的教学效果。新教材的大量教学内容，如政策解读、历史事件、现实案例分析等，都需要借助这些教学方式，使学生能更深入、更全面地理

解和掌握。新教材的实施，无疑将为中职思政教学带来新的活力和挑战。

（三）基础模块"教学提示"所涉教学方法汇总

通过对思政课基础模块"教学提示"部分的研究，可以形成基础模块"教学提示"所涉教学方法的汇总表，供思政课教师参考，具体如表3-3所示。

表3-3　思政课基础模块"教学提示"中所涉教学方法汇总表

1.校内实施	1.1 议题式讨论
	1.2 观看影视作品
	1.3 主题活动（班会）
	1.4 查阅资料与座谈讨论
	1.5 模拟活动
	1.6 阅读作品
	1.7 知识竞赛
	1.8 手工制作
2.校外实施	2.1 参观
	2.2 调研
	2.3 问卷调查
	2.4 访谈访问
	2.5 公益活动

从以上所涉及的教学方法汇总中，我们可以看到这些方法既体现了思政课教学的传统优势，又融入了新时代的教学理念和技术手段要求。在新出版的中职思政课统编教材中，不仅全面落实了以上的教学方法要求，更在此基础上进行了教学方法的丰富和拓展。新教材注重学生的主体性和参与性，通过议题式讨论、主题活动、模拟活动等形式，激发学生的学习兴趣和思维能力。同时，新教材的内容也非常注重信息化及融媒体教学模式的运用，借助现代技术手段，打破教学时空限制，提供更加丰富多样的教学资源和学习体验。

（四）基础模块中的社会实践教学活动分类汇总

通过将《中国特色社会主义》《心理健康与职业生涯》《哲学与人生》《职业道德与法治》各模块中所包含的社会实践教学活动进行分析、汇总与分类，可以形成以下分类汇总，供思政课教师参考，如表3-4所示。

表3-4 基于中等职业学校思想政治课程核心内容的社会实践教学活动分类汇总表

1.参观	1.1 组织参观烈士陵园、革命遗址、革命历史展览馆等相关爱国主义教育实践基地
	1.2 参观法院、检察院、行政机关等司法、执法机关，模拟公安、城管等执法活动
2.调查与调研	2.1 我国当前社会主要矛盾的社会调查
	2.2 调研某项公共工程，感悟社会主义基本经济制度的优越性
	2.3 非公有制经济问卷调查或访谈
	2.4 调研市场上某商品的生产和销售
	2.5 调研本地政府为保障群众基本生活，在脱贫攻坚、医疗卫生服务等方面采取的主要举措
	2.6 信息化条件下学习能力社会调查
	2.7 入职心理状态和职业期待社会调查
	2.8 调研本地生态文明建设现状
3.访谈与对话	3.1 访问本地人大代表或政协委员
	3.2 中国制造2025相关人物职业发展访谈与对话
	3.3 走访企业人力资源部门，或企业人力资源专家访谈
	3.4 采访模范人物、大国工匠，了解他们的受挫折经历及应对方式
	3.5 身边的榜样或劳动模范事迹访谈
	3.6 科技发展和产业升级人物访谈
	3.7 根据所需专业来组织职业发展访谈与对话
	3.8 入职心理状态和职业期待人物访谈
4.公益活动	4.1 到敬老（养老）院、社会福利院、医院等场所参加社会公益活动
	4.2 参加与专业相关的志愿服务活动，领悟为人民服务的时代价值

在新课标与新教材中，都可以见到社会实践教学活动的身影，然而这两者之间却存在着一定的差异与发展。这种差异与发展不仅体现了教育教学理念的不断更新，也为教师在实际教学中提供了更多的选择和可能，从而有助于更好地实现教育教学目标，提高学生的综合素质。

（五）当前中职思政课教学中普遍存在的问题

在当前教育背景下，中等职业学校正经历着从德育课程向思想政治课程的转变，并采纳了《中等职业学校思想政治课程标准（2020年版）》以及高等教育出版社的新版教材。这一转变旨在更好地适应时代的需求，培养学生的思想政治素养。但在这一过程中，中职思政课教学中也暴露出一些普遍存在的问题，亟待我们共同关注和解决。具体包括：

首先，教学理念转变的滞后性是一个不容忽视的问题。由于长期受德育课程的影响，部分教师尚未完全适应思政课程的新要求，导致在实际教学中仍沿用旧有的教学模式和方法，未能充分体现出思政课程的独特性和时代性。

其次，教学方法的单一性也是制约中职思政课教学效果的重要因素。部分教师仍过于依赖传统的讲授法，缺乏与学生的互动和讨论，导致课堂氛围沉闷，学生参与度不高。这种单一的教学方法不仅难以激发学生的学习兴趣和主动性，也难以培养学生的思辨能力和创新精神。

再者，师资力量的薄弱也是中职思政课教学面临的一大挑战。部分学校缺乏专业的思政教师，或者现有教师的思政理论水平和教学能力有待提高。这直接影响了思政课程的教学质量和效果，难以满足新标准下思政课程的教学需求。

此外，教学评价体系的不完善也是中职思政课教学亟待解决的问题之一。目前对于思政课程的教学效果评价仍过于依赖传统的考试和测验方式，缺乏对学生思想政治素养、职业道德等方面的全面评价。这种片面的评价方式不仅难以真实反映学生的学习成果和进步情况，也难以促进学生的全面发展。

最后，学生基础的差异性也给中职思政课教学带来了不小的挑战。中等职业学校的学生在知识基础、学习能力、兴趣爱好等方面存在较大的差异，这给思政课程的统一教学带来了不小的困难。如何根据学生的实际情况因材施教，提高教学效果和满足学生的个性化需求是摆在我们面前的一大课题。

中职思政课教学面临着多方面的挑战和问题。为了推动中职思政课教学的不断改进和发展，我们需要中等职业学校、教师、学生以及相关教育部门共同努力，通过加强教师培训、改进教学方法、完善评价体系、优化教学资源配置等措施来逐一解决这些问题。

二、运用现代信息技术，提高思政教学效率

2019年8月印发的《关于深化新时代学校思想政治理论课改革创新的若干意见》中对于思政课教学资源建设提出的要求在该文件的第五部分"教材体系建设"中的"（四）构建立体化教材体系"部分，具体要求是"支持、鼓励研制优秀教案、课件和案例等，推进数字资源和网络信息资源库建设，构建大中小学思政课立体化教材体系"。本部分内容重点研究基于新课标、新教材和教学能力比赛的教学信息化着力点的问题。

（一）新课标的重要教学要求

《中等职业学校思想政治课程标准（2020年版）》在"课程实施"的"（一）教学要求"部分，提出了"运用现代信息技术，提高教学效率"的教学实施要求，即思想政治课教学要合理利用信息技术以提高教学实效。利用信息技术，形成有意义的互动学习环境，促进学生有效投入学习活动；借助信息技术优化整合课堂教学，引导学生经历多样化的学习过程，促进学生在更广阔的环境中主动学习；探索基于网络的教学改革，利用具有交互功能的网络学习空间，引导学生体验开放式学习，促进教与学、教与教、学与学的全面互动；探索远程协作、实时互动、移动学习等信息化教学形式，运用现代信息技术提高教学效率。

同时，在"课程实施"的"（四）课程资源开发与利用"部分，提出了"课程资源是指课程要素来源及课程实施必要而直接的条件。应以课程标准和教材为依据，开发配套的课程资源"。其中，对"课程资源内容和呈现形式"的具体要求是"课程资源内容与形式应多样，既要开发适合中职学校教学需求的学习指导、教师参考书等纸质资源，又要综合运用现代信息技术手段，有针对性地开发配套的图片、音频、视频、课件等教学素材，以及微课、专题网站、App、微信公众号、在线开放课程等集成的数字化课程资源；既要充分利用校内教学设施和实践基地等条件，广泛开发学校图书馆、实验室等校内资源，又要根据学校所属地域、专业、行业等特色，充分利用公共图书馆、博物馆、展览馆、科技馆、社区组织、爱国主义教育基地等校外资源"。这里所强调的课程资源，很多都需要通过信息技术来提供支撑与实现。

综合思政课以上的信息化建设要求，中等职业学校思政课信息化教学资源体系建设的主要内容包括：

（1）课程备课及教学资源库建设。

（2）教师课堂教学PPT的制作。

（3）基于信息技术的互动学习环境。

（4）基于信息技术的整合课堂教学。

（5）基于信息技术的网络学习空间。

（6）远程协作、实时互动、移动学习教学形式。

（7）线下和线上结合的混合式学习。

（8）其他。

（二）信息化教学的主要特点

信息化教学是指在教学过程中，充分利用信息技术、信息资源以及信息化教学环境来支持学生的学习活动，从而实现教学目标的一种教学方式。这种教学方式强调以学生为中心，注重学生的自主学习、合作学习和探究学习，旨在培养学生的信息素养、创新能力和实践能力。

信息化教学的特点主要包括教学内容数字化、教学资源丰富化、教学方式互动化、教学环境虚拟化。

教学内容数字化	利用信息技术将教学内容转化为数字形式，便于存储、传输和共享。
教学资源丰富化	通过互联网等渠道获取丰富的教学资源，包括文本、图片、音频、视频等多种形式。
教学方式互动化	利用信息技术实现师生之间的互动交流，提高学生的参与度和学习效果。
教学环境虚拟化	利用虚拟现实、增强现实等技术创建虚拟的教学环境，为学生提供更加真实、生动的学习体验。

在中等职业学校思想政治课程中，信息化教学可以发挥重要作用。例如，可以利用多媒体教学资源来呈现抽象的政治概念和历史事件，使学生更加直观地理解课程内容；可以利用互动教学软件和平台来组织在线讨论、模拟考试等教学活动，提高学生的参与度和学习效果；还可以利用虚拟现实和增强现实技术来模拟职业场景和历史事件，为学生提供更加真实、生动的学习体验。

总的来说，信息化教学是当前教育领域的重要趋势之一，它对于提高教学效果、培养学生的信息素养和实践能力具有重要意义。

（三）基于新课标的教学信息化着力点

基于新课标要求的思政课教学信息化的着力点可以从以下几个方面进行梳理：

（1）构建互动学习环境：利用信息技术，教师可以构建一个富有互动性的学习环境。例如，通过多媒体课件、在线讨论平台、实时问答系统等工具，实现师生之间、学生与学生之间的即时交流和讨论。这样的环境有助于激发学生的学习兴趣，提高他们的参与度和学习效果。

（2）优化整合课堂教学：信息技术可以帮助教师更好地整合课堂教学资源，使教学内容更加丰富、生动和有趣。例如，利用视频、音频、图像等多媒体元素，将抽象的思政理论具体化、形象化，便于学生理解和记忆。同时，信息技术还可以支持教师采用多样化的教学方法，如情境教学、案例教学、探究式教学等，以满足不同学生的学习需求。

（3）引导学生体验开放式学习：基于网络的教学改革为学生提供了更加开放、自主的学习空间。教师可以引导学生利用网络资源进行自主学习、协作学习和探究学习，培养他们的创新能力和实践能力。例如，教师可以设置网络课程、在线测试、学习论坛等模块，让学生在课余时间进行自主学习和交流。

（4）探索信息化教学形式：新课标鼓励教师探索远程协作、实时互动、移动学习等信息化教学形式。这些形式可以突破时间和空间的限制，为学生提供更加灵活、便捷的学习机会。例如，教师可以通过视频会议系统进行远程授课和辅导，或者利用手机App进行随时随地的移动学习。这些新的教学形式有助于激发学生的学习兴趣，提高他们的学习积极性和效果。

综上所述，基于新课标的思政课教学信息化的着力点在于构建互动学习环境、优化整合课堂教学、引导学生体验开放式学习以及探索信息化教学形式等方面。这些努力将有助于提高思政课的教学效率和质量，更好地满足学生的学习需求。

（四）基于新教材的教学信息化着力点

基于新版思政课教材，中等职业学校思想政治课程的信息化教学着力点可以分析为以下几个方面。

（1）教学内容与信息技术的深度融合：新版思政课教材注重理论与实践的结合，强调知识的应用性和实践性。因此，在信息化教学中，应将教学内容与信息技术深度融合，利用多媒体、网络等教学资源，创设生动、形象的教学情境，激发学生的学习兴趣和主动性。例如，可以利用数字化教学资源库、网络教学平台等工具，为学生提供丰富的学习资源和学习支持，促进学生的自主学习和合作学习。

（2）教学模式的创新与信息化手段的运用：新版思政课教材倡导创新教学模式和方法，注重学生的参与和体验。在信息化教学中，应积极探索和创新教学模式，运用信息化手段促进师生互动、生生互动，提高学生的课堂参与度和学习效果。例如，可以采用翻转课堂、混合式教学等教学模式，利用信息技术实现课前预习、课中互动、课后反馈等教学环节的有机结合。

（3）教学评价体系的完善与信息化技术的应用：新版思政课教材强调教学评价的科学性和全面性，注重过程性评价和表现性评价。在信息化教学中，应完善教学评价体系，利用信息技术手段收集、分析和反馈学生的学习数据，为教学评价提供科学依据。例如，可以利用在线测试系统、学习管理系统等工具，对学生的学习过程和学习成果进行实时监控和评估，为教学改进提供有力支持。

（4）教师信息素养的提升与信息化教学能力的培养：新版思政课教材对教师的信息素养和信息化教学能力提出了更高的要求。因此，在信息化教学中，应注重提升教师的信息素养和信息化教学能力，使教师能够熟练掌握并有效运用各种信息技术手段和工具，为思政课教学提供有力保障。例如，可以开展信息技术培训、信息化教学比赛等活动，提高教师的信息技术应用能力和信息化教学水平。

中等职业学校思想政治课程基于新版思政课教材的信息化教学着力点包括教学内容与信息技术的深度融合、教学模式的创新与信息化手段的运用、教学评价体系的完善与信息化技术的应用以及教师信息素养的提升与信息化教学能力的培养。这些着力点旨在推动思政课教学的信息化改革和创新，提高教师的教学水平和学生的学习效果。

（五）思政课教师教学能力比赛中的信息化能力要求

在《教育部2022年工作要点》中，首次提出了要举办"职业学校思想政治教育课程教师教学能力比赛"。在2022年的"职业院校技能大赛教学能力比赛"中，"中职思想政治课"比赛在"公共基础课程组"中单列一组，发布了"评分指标"，并在年底完成了国赛。2023年8月25日，教育部办公厅发布了《关于举办2023年全国职业院校技能大赛德育与思想政治教育有关赛项的通知》（教职成厅函〔2023〕21号），决定2023年在全国职业院校技能大赛中，继续举办德育与思想政治教育有关赛项，分别为思想政治教育课程教学能力比赛、中等职业学校班主任能力比赛。由此，职业院校德育与思想政治教育有关赛项成为全国职业院校技能大赛下属的独立赛项。

在2023年全国职业院校技能大赛思想政治教育课程教学能力比赛方案（中等职业教育组）的"评分指标"内容体系中，对中职思政课教师的信息化教学能力提出了具体要求，见表3-5。

表3-5　2023年全国职业院校技能大赛思想政治教育课程教学能力比赛方案（中等职业教育组）中的相关指标

序号	能力维度	具体指标描述
1	信息化教学手段的运用能力	教师需要熟练掌握并能够有效运用各种信息化教学手段，如多媒体教学、网络教学、移动教学等，以丰富思政课的教学内容，提高教学效果
		教师应能够结合中职学生的特点和需求，合理选择和设计信息化教学资源，确保资源的科学性、适用性和时效性
2	信息技术与思政课教学的深度融合能力	教师需要具备将信息技术与思政课教学深度融合的能力，能够实现信息技术在教学过程中的全程、全面、深度应用
		教师应能够利用信息技术创新教学模式和方法，如开展线上线下混合式教学、翻转课堂等，以激发学生的学习兴趣和主动性
3	信息化教学环境下的教学评价能力	教师需要具备在信息化教学环境下进行教学评价的能力，能够利用信息技术手段收集、分析和反馈学生的学习数据
		教师应能够根据学生的学习情况和反馈，及时调整教学策略和方法，确保教学目标的实现
4	信息化教学资源的开发与利用能力	教师需要具备信息化教学资源的开发与利用能力，能够结合课程内容和教学目标，自主开发或合作开发符合中职学生特点的数字化教学资源
		教师应能够利用信息技术手段对教学资源进行整合和共享，提高教学资源的利用效率

由此可知，中职思政课教师需要具备信息化教学手段的运用能力、信息技术与思政课教学的深度融合能力、信息化教学环境下的教学评价能力以及信息化教学资源的开发与利用能力。这些要求旨在推动中职思政课教学的信息化改革和创新，提高教师的教学水平和学生的学习效果。

（六）思政课教学资源的常见应用模式体系图

图3-1为思政课教学资源的常见应用模式体系图，反映了各类思政素材、备课资源、教学资源在教学建设与应用中的思路与路径，供学校及思政课教师在相关建设中进行参考与应用。

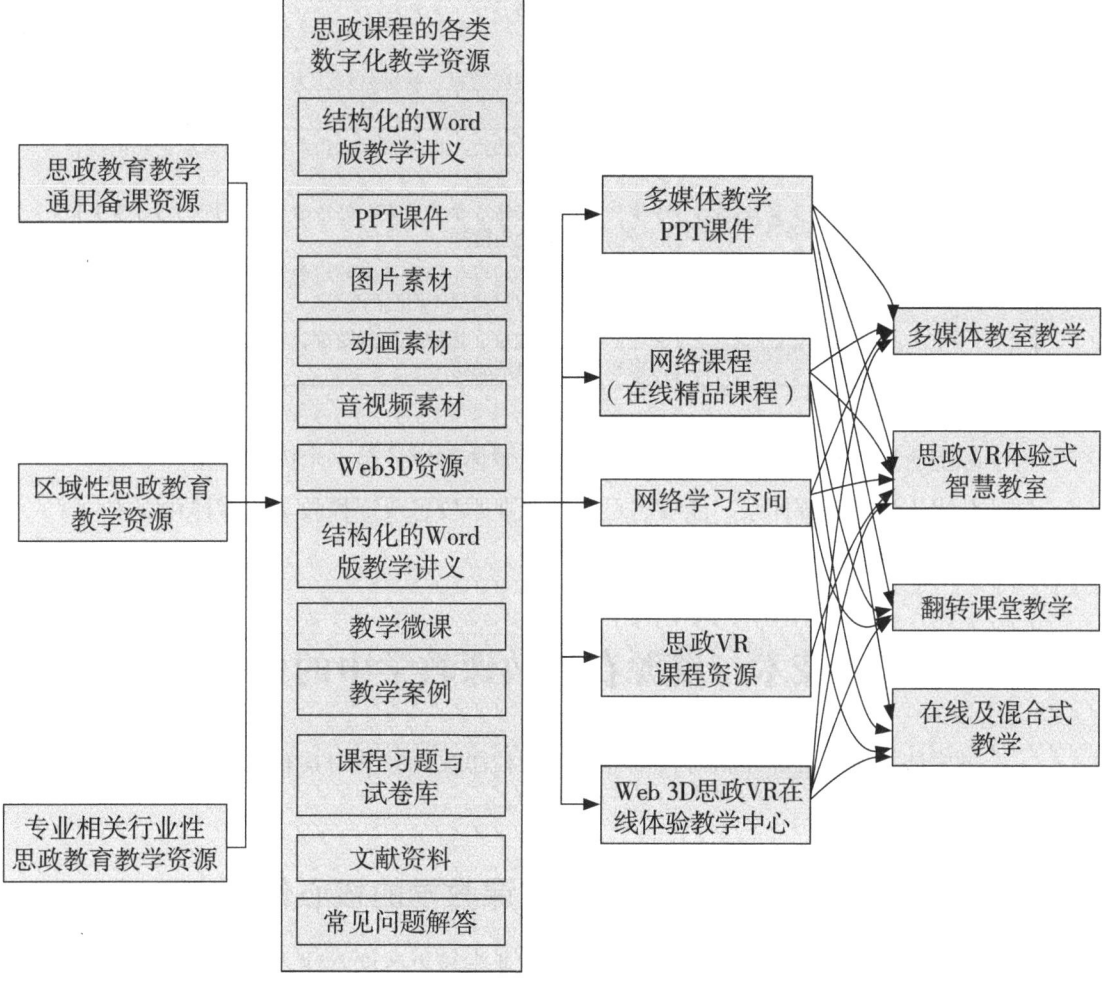

图3-1 思政课教学资源的常见应用模式体系图

在中等职业学校思想政治课程教学中，具有思政课程特色的数字资源体系应该由多方面的内容构成，从技术类型和内涵类型两方面来考虑，我们可以得出表3-6所示结论。

表3-6 中职思政课教学中的数字资源体系分析

类型	构成	说明
技术	多媒体教学资源	包括视频、音频、动画、图像等，能够直观展示思政课程内容，增强学生的理解和记忆
	交互式教学资源	如在线测试、虚拟仿真、互动游戏等，能够激发学生的学习兴趣，提升教学互动性
	移动教学资源	适应手机、平板等移动终端的教学资源，方便学生随时随地学习
	大数据与人工智能教学资源	利用大数据分析和人工智能技术，为学生提供个性化的学习推荐和辅导
内涵	思政课程教材与教辅资源	数字化的思政课程教材、教辅材料，为学生提供基本的学习内容
	时政热点与案例资源	及时更新的时政热点、典型案例，帮助学生理解理论知识在实际中的应用
	历史文化与红色教育资源	中华优秀传统文化、革命历史、红色故事等资源，培养学生的爱国情怀和民族精神
	职业素养与法律法规资源	针对中等职业学校学生的职业素养培养、法律法规教育等资源，提升学生的职业素养和法治意识
	心理健康与道德教育资源	关注学生心理健康、道德成长的资源，帮助学生形成健全的人格和良好的道德品质

综上所述，具有思政课程特色的数字资源体系应该是一个内容丰富、形式多样、技术先进的资源体系，能够满足中等职业学校思政课程教学的多样化需求，提升教学效果和学生的学习体验。

三、融媒体技术与资源在思政课教学中的价值与应用

融媒体技术与资源在新时代中等职业学校思政课教学中具有重要的应用价值和丰富的应用场景。

（一）融媒体技术与资源对思政课教学的核心价值

从技术层面来看，融媒体技术为中等职业学校思政课堂注入了新的活力，其

核心价值具体体现在以下几个方面：

（1）增强教学互动性：利用交互式白板、实时投票、在线讨论等融媒体工具，能够极大地促进学生与教师之间的互动交流。这种互动不仅使思政课堂更加活跃，而且提高了学生的课堂参与度，激发他们的学习兴趣。

（2）实现教学可视化：融媒体技术通过图表、动画、视频等多媒体形式，将原本抽象的政治概念和历史事件转化为直观、易于理解的内容。这种可视化教学方式有助于学生更好地掌握和理解知识点。

（3）支持个性化与差异化教学：融媒体技术能够记录学生的学习轨迹和偏好，为教师提供宝贵的数据支持。这使得教师能够针对不同学生的需求进行个性化的教学设计和辅导，从而提高教学效果。

（4）创新教学模式：在融媒体技术的支持下，翻转课堂、混合式教学等新型教学模式得以顺利实施。这些模式打破了传统思政课教学的限制，为学生提供了更多自主学习的机会和空间。

从资源层面来看，融媒体资源同样在思政课教学中发挥着重要作用：

（1）提供丰富的教学案例：融媒体资源中的新闻报道、纪录片、访谈等真实、生动的内容，为思政课提供了大量贴近现实的教学案例。这些案例不仅使教学内容更加生动具体，而且有助于增强学生的理解和应用能力。

（2）拓展教学资源库：融媒体资源通过整合网络上的各种公开课、讲座、文献资料等，极大地丰富了思政课的教学资源库。这为教师提供了更多优质的教学素材，有助于提升教学质量。

（3）培养学生的信息素养：在接触和分析融媒体资源的过程中，学生不仅能够提升信息检索、筛选、整合的能力，还能够培养批判性思维和媒体素养。这对于他们未来的职业发展具有重要意义。

（4）强化价值观教育：通过融媒体资源中的正面典型宣传、历史事件回顾等内容，可以更加有效地进行爱国主义、社会主义核心价值观等价值观教育。这有助于引导学生树立正确的世界观、人生观和价值观。

融媒体技术与资源在中等职业学校思政课教学中具有显著的核心价值。它们不仅能够提升教学效果和学生的学习体验，还能够培养学生的综合能力和素养。因此，中等职业学校的思政课教师应积极运用融媒体技术与资源，创新教学方式方法。

（二）融媒体技术与资源在思政课教学中的应用

基于以上的价值分析，融媒体技术与资源在中等职业学校思政课教学中的应用，应当细致入微地涵盖以下几个方面。

（1）构建生动鲜活的教学场景：巧妙运用融媒体技术，如多媒体展示和虚拟现实等，为学生营造与思政课内容息息相关的环境。模拟历史事件和社会场景，使学生能够身临其境地体验和理解思政知识，使学习过程充满趣味性和直观性。这种身临其境的教学方式，不仅能增强学生的知识理解，更能激发他们的学习兴趣。

（2）丰富与深化教学资源与内容：全面整合并高效利用融媒体资源，如新闻报道、纪录片和访谈节目等，为思政课注入丰富多样的教学内容。这些资源既可以作为案例分析的素材，也可以作为讨论的话题，引导学生关注社会热点，了解时事动态，同时提升他们分析问题和解决问题的能力。此外，教师还可以借助融媒体资源自制教学视频和微课，为学生提供更加个性化和深入的学习体验。

（3）探索与创新教学模式与方法：借助融媒体技术的翅膀，勇于探索和创新思政课的教学模式与方法。例如，采用翻转课堂模式，让学生在课前通过融媒体资源进行自主学习，课堂上则进行深入的交流和互动；或者尝试混合式教学模式，将线上学习与线下实践相结合，以提高学生的参与度和实践能力。这些创新的教学模式与方法将更好地满足中等职业学校学生的学习需求和特点。

（4）强化价值观教育与引导：利用融媒体技术与资源，对学生进行深入的价值观教育和引导。通过正面典型的宣传、历史事件的回顾等资源，培养学生的爱国主义情怀和社会责任感；同时，通过对负面案例的分析和讨论，引导学生树立正确的道德观念和法律意识。此外，教师还可以利用融媒体技术开展主题教育活动、在线互动等，使价值观教育更加深入人心。

（5）提升学生信息素养与批判性思维：在融媒体技术与资源的应用过程中，不可忽视的是对学生信息素养和批判性思维的培养。通过教授信息检索、筛选和整合等方法，帮助学生提高获取和利用有效信息的能力；同时，引导学生对融媒体资源进行深入的分析、评价和反思，培养他们的批判性思维和独立思考的能力。这些能力和素养的提升将使学生更好地适应信息化时代的发展需求。

在探讨融媒体技术与资源在中等职业学校思政课教学中的应用时,我们发现了其多元化和深远的意义。从构建生动的教学场景到丰富教学资源与内容,再到创新教学模式与方法,每一个方面都旨在提升教学效果,培养学生的综合能力与素养。同时,强化价值观教育与引导以及提升学生信息素养与批判性思维也是不可或缺的部分。因此,融媒体技术与资源的应用将为中等职业学校思政课教学注入新的活力,为学生的未来发展奠定坚实的基础。

四、融媒体思政课数字资源的资料素材构成

从内涵上讲,"中等职业学校思想政治课程融媒体资源库"的融媒体数字资源在考虑《中等职业学校思想政治课程标准(2020年版)》、统编教材的中等职业学校思想政治课程内容与教学特点,以及2023年全国职业院校技能大赛思想政治教育课程教学能力比赛方案(中等职业教育组)的"评分指标"要求下,应包括表3-7所示的数字化资料与素材。

表3-7　2023年全国职业院校技能大赛思想政治教育课程教学能力比赛方案(中等职业教育组)中的数字化资料与素材说明

分类	说明
数字化教材与教辅资料	符合《中等职业学校思想政治课程标准(2020年版)》的电子教材,特别是统编教材
	与教材紧密配套的电子习题集、案例分析、教师用书等教辅资料
课程标准与政策解读	数字化版本的《中等职业学校思想政治课程标准(2020年版)》,供教师随时查阅和参考
	与思政课程相关的最新国家政策、法律法规的电子文档,以及专家学者的政策解读和分析文章
多媒体教学资源	丰富的图片资源,包括历史事件照片、文化符号图像、现实场景图片等,用于辅助解释思政课程内容
	音频资源如讲座录音、广播节目片段、音乐音效等,增强教学氛围和听觉体验
	视频资源包括教学视频、纪录片片段、电影剪辑等,提供直观和生动的教学内容展示
互动教学软件与平台	专为中等职业学校思政课程设计的互动教学软件,支持在线测试、模拟考试、学习进度跟踪等功能
	提供虚拟现实(VR)、增强现实(AR)等先进技术的互动教学平台,模拟历史事件或职业场景,增强学习体验

续表

分类	说明
优秀教学案例与成果展示	收录全国职业院校技能大赛中获奖的思政课程教学案例，供教师学习和借鉴
	展示中等职业学校思政课程优秀教师的教学视频、教学设计、教学反思等成果，促进教师间的交流与合作
学生自主学习资源	提供符合学生自主学习需求的电子图书、期刊、研究报告等资源，拓宽学生的知识视野
	搭建在线学习平台，提供学习指导、学习路径建议、学习进度跟踪等个性化学习支持服务

以上资源应充分考虑教学的实际需求和学生的学习特点，确保资源的实用性、互动性和创新性。同时，这些资源还应易于获取、整合和更新，以适应中等职业学校思政课程教学的不断发展和变化。

第四章

中职思政课的融媒体教学规划与设计要点

思政课教学规划、设计与实施，是思政课教师的核心工作，也是思政课教学最为核心的实现途径。本部分的内容与前述《中等职业学校思想政治课程标准（2020年版）》解读的内容密切相关，思政课教师应该在深入理解新课标各方面内容的基础上再开展课程的教学规划与设计工作，以确保各项备课工作的质量，避免走弯路。本部分内容以"要点"讲解为主，更多的细节，需要思政课教师在实际的工作中不断加深对新课标的理解、总结实践经验，不断完善自己的教学规划、设计与实施成果。

一、课程教学规划与设计的内容及资料基础

在中等职业学校思想政治课程分为基础模块和拓展模块的规范之下。针对基础模块，我们分别将《中国特色社会主义》《心理健康与职业生涯》《哲学与人生》《职业道德与法治》作为单独的子模块。

（一）课程教学规划与设计的主要内容

基于《中等职业学校思想政治课程标准（2020年版）》、思想政治课程统编教材、中等职业学校课程教学管理的相关规定与惯例，中等职业学校思想政治课程基础模块教学规划与设计所涉及的主要内容构成如下：

（1）某一课程模块教学大纲编制。

（2）某一课程模块导学设计。

（3）某一课程模块的教学单元、课的教学内容规划与组织。

（4）某一课程模块教学方案编制。

（5）某一课程模块课程教学活动设计（含课堂教学活动和实践教学活动）。

（6）某一课程模块信息化教学资源体系建设。

（7）某一课程模块终结性学业评价。

（8）其他。

中等职业学校思想政治课程拓展模块的教学规划与设计也可以参考以上内容体系。

（二）课程教学规划与设计的核心资料基础

中等职业学校思想政治课程教学规划与设计的核心资料基础包括：

（1）《中等职业学校思想政治课程标准（2020年版）》。

（2）中等职业学校思想政治课程统编教材，共四本。

（3）中等职业学校思想政治课程四本统编教材的配套教师教学用书，共四本。

（4）中等职业学校思想政治课程四本统编教材的配套学生学习用书，共四本。

以上新课标、新教材、教师教学用书、学生学习用书之间的关系（图4-1），总结如下：

（1）新课标，决定了统编教材的内容。

（2）新课标、统编教材共同决定了教师教学用书的内容。

（3）新课标、统编教材、教师教学用书进一步共同决定了学生学习用书。

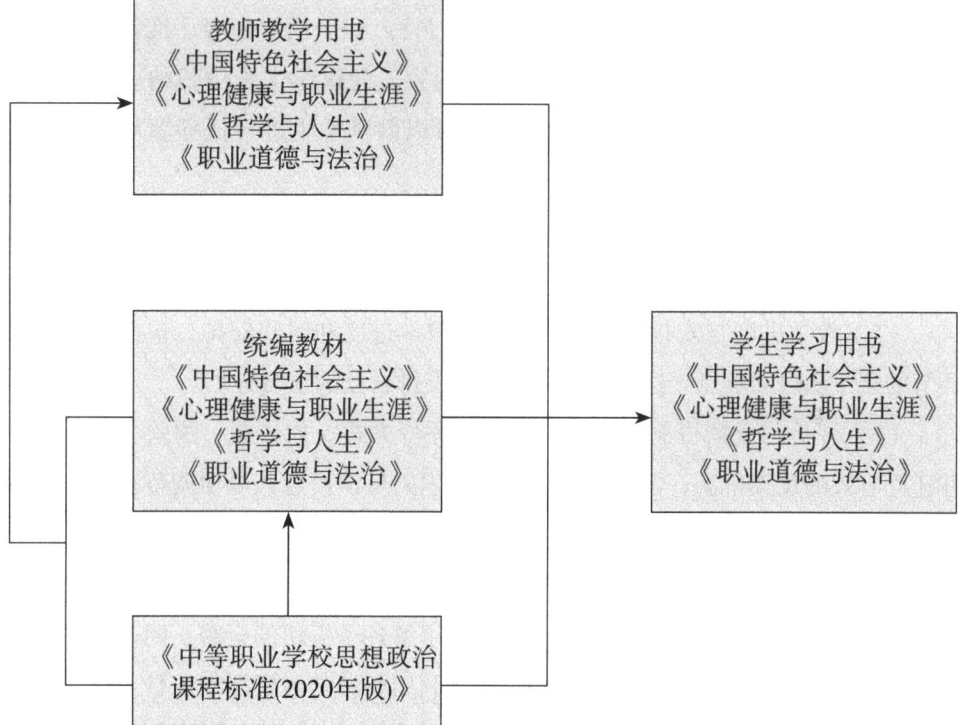

图4-1　中等职业学校思想政治课程教学规划与设计的核心资料基础关系图

二、模块导学的融媒体教学规划与设计

本部分重点研究的内容包括导学的内容体系、教学内容特点、融媒体应用思路、融媒体教学规划要点，从而为思政课各模块导学的融媒体教学规划与设计奠定分析过程基础。

（一）模块导学的内容体系构成

在每一思政课程模块的第一课、思政课在线精品课程建设中，都需要涉及"模块导学"这一教学环节。在"模块导学"中，通常应该包括以下几个具体内容：

（1）模块概述与目标：首先向学生介绍本子模块的基本信息，如课程性质、教学目标、学时分配等。这有助于学生了解课程的整体框架和学习要求。

（2）教学内容与重难点：明确子模块的主要教学内容，包括知识点、任务点等，并指出其中的重点和难点。这可以帮助学生合理分配学习时间和精力。

（3）学习方法与策略：根据学生的学习特点和子模块内容，推荐合适的学习方法和策略。例如，对于理论性较强的内容，建议学生采用归纳总结、对比分析等方法；对于实践性较强的内容，则可以鼓励学生进行任务参与、实践探究等。

（4）学习资源与工具：介绍子模块相关的学习资源和工具，如教材、参考书目、网络资源、教学软件等。这可以为学生提供多样化的学习支持。

（5）教学进度与安排：说明子模块的教学进度和时间安排，包括各个教学环节的顺序和时间节点。这有助于学生合理安排自己的学习计划。

（6）评价与反馈机制：介绍子模块的评价方式，如作业、测验、考试等，并建立有效的反馈机制，及时收集和处理学生的反馈信息，以便调整教学策略和改进教学效果。

通过以上内容的导学，学生可以更好地了解各子模块的全貌，明确学习目标和要求，掌握合适的学习方法和策略，充分利用各种学习资源和工具，合理安排自己的学习计划，并积极参与评价和反馈活动，从而提高学习效果和学习质量。

（二）模块导学的主要内容来源

在《中国特色社会主义》《心理健康与职业生涯》《哲学与人生》这三本统编教材中，没有设置"导言"这一内容。在《职业道德与法治》教材中，设置了"导言"，这一部分可以作为课程模块导学的一个重要组成部分，或者可以将"导言"作为主题内容并融合"导学"的其他内容，形成该课程模块的导学内容。

在以上情况之下，在子模块导学的内容组织中，可以考虑参考表4-1的思路来形成内容及资料素材来源。

表4-1　教学规划与设计的主体内容的来源说明表

教学规划与设计的主体内容		来源说明
课程各子模块导学	课程子模块介绍	1.以新课标中"基础模块"介绍的相应内容为主 2.《职业道德与法治》可融合"导言"部分的内容 3.《中国特色社会主义》可融合"结语"部分的内容
	学习目的与目标	1.以新课标中"基础模块"介绍的相应内容为主 2.《职业道德与法治》可融合"导言"部分的内容 3.《中国特色社会主义》可融合"结语"部分的内容
	知识体系（含重点难点）	以新教材各单元的"内容概览"梳理为主
	学习方法与资源	综合新课标中的"教学要求"和新教材的教学内容特点，进行总结
	教学安排与评价方式	1.教学安排以新课标为主，同时要综合考虑新教材相对于新课标内容体系的调整等因素 2.评价方式以新教材为主

同时，在各本教材的教师教学用书和学生学习用书中也有可以融入"导言"部分的内容。教师可以研究相关内容并按需选用。

（三）模块导学的教学规划与设计要点

以《职业道德与法治》子模块为例，要组织一个优秀的中等职业学校思想政治课程的子模块导学内容，我们可以遵循表4-2所示步骤。

表4-2 中职思政课的子模块导学内容的教学步骤

步骤		说明
第一步	明确子模块导学的目标与定位	确定《职业道德与法治》模块导学的目标，即帮助学生了解子模块性质、课程目标、学习内容和学习方法，激发学生的学习兴趣和动力
		强调模块导学在引导学生顺利进入模块学习、提高学习效果方面的重要作用
第二步	介绍子模块结构与内容框架	简要介绍《职业道德与法治》模块的整体结构，包括"单元、课、框、目"安排、主题内容和知识点分布
		突出子模块的核心内容和重点，如职业道德的基本原则、法治精神的核心要义等，帮助学生把握学习重点
第三步	阐明学习目标与要求	明确《职业道德与法治》模块的学习目标，包括知识目标、能力目标和素质目标，确保学生对学习成果有清晰的预期
		提出学习要求，如课堂纪律、作业完成标准、实践活动参与等，引导学生养成良好的学习习惯
第四步	推荐学习方法与策略	根据子模块特点和学生实际，推荐适合的学习方法，如阅读教材、做笔记、提问与讨论、案例分析等
		鼓励学生自主探究和合作学习，培养学生的学习能力和团队协作精神
第五步	介绍学习资源与支持	向学生介绍与《职业道德与法治》模块相关的学习资源，如教材、教辅材料、网络资源等，方便学生获取学习资料
		提供学习支持，如教师答疑、同学互助、学习小组等，帮助学生解决学习过程中的困难和问题
第六步	教学安排与评价方式	向学生介绍《职业道德与法治》教学安排，包括各个教学环节的顺序和时间节点。这有助于学生合理安排自己的学习计划
		向学生介绍《职业道德与法治》模块的评价方式，如作业、测验、考试等评价方式以新教材为主

通过以上步骤，我们可以组织一个目标明确、内容清晰、方法得当、资源丰富的《职业道德与法治》模块导学内容，为中等职业学校学生提供有效的学习指导和支持。这样的导学将有助于学生更好地了解课程、明确学习目标、掌握学习方法、获取学习资源，并顺利进入课程学习状态。

（四）课程模块导学中的融媒体教学规划要点

开展课程模块导学中的融媒体教学规划，需要研究适合在导学中使用的数字资源类型。导学具有一定的内容模型体系，因此可以构建出导学的数字化教学资源匹配分析模型。在此基础上，就可以完成基于导学内容的融媒体教学规划工作。

1. 适合在导学中使用的数字资源类型

在导学环节中，精心挑选的数字资源显得尤为重要，这些资源以其多样性、交互性和便捷性而著称。它们能助力学生有效地预习课程内容，深入理解和掌握所学知识。无论是数字视频、音频资料，还是多媒体软件与在线平台，都为学生提供了个性化学习的可能，满足了不同学习风格和需求的学生。适合在中等职业学校思政课基础模块各个子模块使用的数字资源类型如表4-3所示。

表4-3 适合在思政课导学中使用的教师本地化课件资源类型

序号	教师本地化课件资源的应用类型		数字资源类型的选用
1	文本（含表格）	电子教材	—
		教学文件	按需选用
2	图片/图像		选用
3	PPT课件		选用
4	二维动画		按需选用
5	三维动画与虚拟仿真、虚拟现实	三维动画	按需选用
		虚拟仿真	—
		虚拟现实	按需选用
6	音视频资料素材	音频	按需选用
		视频短片	选用
7	课程录像	课堂录像	—
		实训录像	—
		屏幕捕获	—
8	微课		按需选用
9	题库及试卷库		选用
10	行业资料库及专业文献		选用
11	教学案例库（含实训案例）		选用
12	目录索引		按需选用

教师可根据课程特色和学生实际，巧妙地将这些数字资源结合运用，以激发学生的学习兴趣，引导他们顺利进入学习状态，从而达到优化教学效果的目的。

2. 导学中的数字化教学资源匹配分析

表4-4是基于"课程模块导学的内容体系构成"和"适合在思政课导学中使用的数字资源类型"进一步构建的"模块导学各项内容的教师本地化课件资源匹配分析矩阵"，可以为教师进行导学各部分内容的数字资源规划提供参考。

表4-4 模块导学各项内容的教师本地化课件资源匹配分析矩阵

序号	模块导学的内容体系构成	适合使用的数字资源类型												
		教学文件电子文本	图片/图像	PPT课件	二维动画	三维动画	虚拟现实	音频	视频短片	微课	题库及试卷库	行业资料库及专业文献	教学案例库	目录索引
1	模块概述与目标	—	需要用到	载体资源	—	—	—	可能用到	—	可能用到	—	可能用到	—	—
2	教学内容与重难点	可以用到	需要用到	载体资源	—	—	—	—	—	可能用到	—	—	—	—
3	学习方法与策略	—	需要用到	载体资源	—	—	—	—	—	可能用到	—	可能用到	—	—
4	学习资源与工具	—	需要用到	载体资源	可能用到	可能用到	可能用到	可能用到	—	可能用到	—	可能用到	可能用到	可能用到
5	学习进度与安排	可以用到	需要用到	载体资源	—	—	—	—	—	可能用到	—	—	—	—
6	评价与反馈机制	—	需要用到	载体资源	—	—	—	—	—	可能用到	可能用到	可能用到	—	—

在进行教学资源规划时,应该首先完成数字化教学资源类型的规划,再在此基础上进行融媒体教学资源规划,即进行"外部链接型资源"的规划。

首先,数字化教学资源类型的规划是教学信息化建设的基石。随着信息技术的飞速发展,数字化教学资源已成为现代教学不可或缺的一部分。通过详细规划和分类各种数字化教学资源,如视频、音频、图片、文本等,教师可以更深入地了解每种资源的特性和适用场景,进而为教学设计和实施提供坚实的数据支持和科学的依据。

其次,在数字化教学资源类型规划的基础上,进行融媒体教学资源的规划是教学创新的关键。融媒体教学资源旨在将多种媒体形式和教学资源进行有效融合,从而创建一个多元化、交互性强、内容丰富的教学环境。这种规划方式有助于教师充分发挥各种媒体资源的优势,设计出更具创意和吸引力的教学活动,进一步激发学生的学习兴趣和积极性。通过整合和优化多种媒体资源,教师可以为学生提供更加丰富多样的学习体验,帮助学生更好地理解和掌握所学知识。

最后，这种做法还体现了教学设计的系统性和层次性。先进行数字化教学资源类型的规划，再进行融媒体教学资源的规划，这种层层递进的设计思路有助于确保教学设计的全面性和一致性。同时，这种规划方式也使得教学设计更加灵活和可扩展，方便教师在实际教学中根据需要进行调整和优化。这种系统性的教学设计不仅有助于提高教学质量和效果，还有助于培养学生的综合素质和创新能力。

综上所述，先进行数字化教学资源类型的规划，再在此基础上进行融媒体教学资源规划的做法，既符合现代教育信息化的趋势，也体现了教学设计的科学性和创新性。这种规划方式有助于教师更好地利用数字化教学资源和融媒体教学资源，提升教学质量和效率，为学生的全面发展提供有力支持。

3. 基于导学内容进行融媒体教学规划

基于导学内容进行融媒体教学规划是指，在深入理解和把握导学内容的基础上，充分利用融媒体环境的各种资源和手段，进行针对性强、有效性高的教学设计与规划。这一过程旨在确保教学活动紧密围绕导学中确定的教学目标、内容和学生特点展开，同时利用数字视频、音频、多媒体软件等丰富多样的媒体资源，以及在线学习平台等现代化教学手段，精心设计教学活动、合理安排教学进程、制定科学的教学策略，从而实现教学目标的顺利达成，并显著提升教学效果。

要在数字化教学资源类型规划的基础上实现融媒体教学资源的规划，可以采取以下步骤。

首先，对已经规划好的数字化教学资源进行详细的梳理和分析，如视频、音频、图片、文本等各种类型的资源，了解每种资源的特性、优势以及适用场景，确保对它们有充分的认识和把握。

其次，根据教学的实际需求和目标，确定需要整合的融媒体教学资源类型。例如，可以将相关的视频、音频、图片和文本等资源进行有机结合，形成一个多元化的教学资源包，以支持更加丰富和多样的教学活动。

接着，设计融媒体教学资源的整合方案。这包括确定各种资源的整合方式、呈现形式以及交互方式等。实践中，要确保各种资源能够无缝对接、相互补充，形成一个协调统一的教学环境。

此外，还需要考虑融媒体教学资源的获取、管理和更新问题。实践中，要确保能够便捷地获取所需的资源，并对其进行有效的管理和维护。同时，要根据教学需求的变化和技术的发展，及时更新和升级融媒体教学资源，保持其时效性和先进性。

最后，对规划好的融媒体教学资源进行实际的应用和评估。通过在实际教学中应用这些资源，观察其效果并进行评估，可以发现存在的问题和不足，以便及时进行调整和优化。

综上所述，实现"在数字化教学资源类型规划的基础上，进行融媒体教学资源的规划"需要充分梳理和分析数字化教学资源，确定需要整合的融媒体资源类型，设计整合方案，考虑资源的获取、管理和更新问题，并进行实际应用和评估，这样才能确保融媒体教学资源的有效利用和教学质量的提升。

三、"单元"教学的融媒体教学规划与设计

本部分重点研究的内容包括新教材中"单元"的内容体系、教学内容的特点、教学活动中的融媒体应用思路、融媒体教学应用分析与规划等，从而为思政课各单元的融媒体教学规划与设计奠定基础。

（一）"单元"教学的内容体系模型

四本统编教材采用了"单元、课、框、目"的教材编写体例和模式，并且形成了相对一致的内容组织形式。研究这一内容体系模型，是开展课程模块教学内容规划与设计的关键步骤。在四本新教材中，各个单元的内容体系模型构成如表4-5所示。

表4-5 思想政治课程统编教材的内容体系模型

单元1	单元引言			
	第1课	课引言		
		框一	目1	阅读与思考
				概念、阐述或说理性内容
				相关链接(1个或多个，少量节点未设置)
				概念、阐述或说理性内容(少量节点未设置)
				语录小标签
			目n	
			启思导行	
		框N		
	第N课			
	内容概览			
	学以致用	活动目标		
		活动任务与建议（1个或多个）		
		活动评价		
单元N	……			

在教材《职业道德与法治》中，"学以致用"部分的"活动任务与建议"分拆成"活动任务"和"活动建议"两个部分，这是与另外三本教材不同的地方。

（二）"单元"中各类教学内容的特点分析

统编教材的每一个"单元"都由不同类型的教学内容构成，分别发挥着不同的教学用途。这些教学内容类型包括：单元引言，课引言，阅读与思考，相关链接，概念、阐述与说理性内容，语录小标签，启思导行，内容概览，学以致用。

（1）单元引言：通过阐述与设问的方式，引导进入本单元的课程内容学习。其中，《中国特色社会主义》《心理健康与职业生涯》各个单元的引言部分仅采用陈述的表达方式；《哲学与人生》《职业道德与法治》各个单元基本上采用了两种或两种以上的表达方式。

（2）课引言：《中国特色社会主义》《哲学与人生》各课采用设问的方式导入课的学习；《心理健康与职业生涯》《职业道德与法治》各课采用陈述的方式导入课的学习。

（3）阅读与思考：议题式教学的一种导入模式，引起学生思考和探究，并引导出与之相关的概念、阐述与说理性内容。

（4）相关链接：议题式教学的一种导入模式，引起学生思考和探究，并引导出与之相关的概念、阐述与说理性内容。

（5）概念、阐述与说理性内容：四本教材中的"概念、阐述与说理性内容"都非常简明扼要，进一步阐述与说理性内容都需要教师进行备课补充。

（6）语录小标签：在"概念、阐述与说理性内容"板块进行内容穿插与内容相关的语录，以进一步补充说明相关内容。

（7）启思导行：议题式教学的一种导入模式，引起学生思考和探究，并引导出与之相关的概念、阐述与说理性内容。

（8）内容概览：通过思维导图呈现了本单元的直接结构体系。

（9）学以致用：进行教学活动组织与实施，包括课堂议题式教学活动和社会实践活动，并进行活动评价。

在课程模块的教学规划与设计中，需要紧扣"单元"中各类教学内容的特点来展开，这也是构建面向单元的数字化资源与融媒体教学分析与规划相关模型的核心基础。

（三）"单元"教学活动中的融媒体应用思路

中等职业学校思想政治课程的教学活动主要分为课堂议题式教学活动与课程实践性教学活动，在中等职业学校思想政治课程的教学中，这两种教学活动相互补充、相互促进，共同构成完整的教学活动体系。《中等职业学校思想政治课程标准（2020年版）》和新版统编版思政课的四本教材，都对相关课程教学活动进行了规划。

针对中等职业学校思想政治课程的教学活动，融媒体应用规划应紧密结合课堂议题式教学活动与课程实践性教学活动的特点，以提高教学效果和学生参与度为目标。"单元"教学活动中的融媒体应用思路如表4-6所示。

表4-6 "单元"教学活动中的融媒体应用思路

序号	步骤	说明
1	课堂议题式教学活动的融媒体应用规划	利用多媒体教学资源：结合议题内容，搜集相关图片、视频、音频等多媒体素材，制作课件或微课，使抽象的理论知识更加直观、生动
		引入互动教学平台：借助互动教学平台，如学习管理系统（LMS）或课堂互动工具，开展在线讨论、投票、问答等互动环节，鼓励学生积极参与议题讨论
		实时反馈与评价：利用融媒体技术，实时展示学生的讨论成果和观点，给予及时评价和反馈，引导学生深入思考
2	课程实践性教学活动的融媒体应用规划	创设虚拟实践环境：借助虚拟现实（VR）或增强现实（AR）技术，创设与课程内容相关的虚拟实践环境，让学生在模拟情境中体验和实践
		线上线下相结合：结合线下实践活动，利用社交媒体、直播平台等线上工具进行实时分享、交流和互动，扩大实践活动的参与度和影响力
		整合实践成果展示：将学生的实践成果以图片、视频、报告等多种形式进行整理和展示，利用融媒体平台进行发布和分享，增强学生的成就感和自信心

在融媒体应用规划中，还需要注意以下几点：

（1）确保技术的可行性和易用性：选择适合中等职业学校学生年龄特点和认知水平的融媒体技术，避免技术门槛过高导致使用困难。

（2）注重内容的质量和适宜性：融媒体应用应紧紧围绕课程内容和教学目标，避免形式大于内容或偏离教学目标的情况。

（3）关注学生的体验和需求：在设计融媒体应用时，应充分考虑学生的体验和需求，以提高学生的学习兴趣和参与度为目标。

（4）加强教师培训和支持：为教师提供必要的融媒体技术培训和支持，确保教师能够熟练使用融媒体工具进行教学活动。

（四）"单元"教学内容的融媒体应用分析与规划

单元教学内容的融媒体应用分析与规划，是指在教学设计过程中，针对特定教学单元的知识体系和教学目标，系统性地分析并整合多元化的媒体资源，如视频、音频、图像和交互性内容等，以创新的方式融入教学活动，旨在提升教学效果、增强学习体验，并根据实际教学反馈持续优化融媒体应用策略的一种前瞻性教学方法。这一过程强调媒体资源与教学内容的深度融合，以及教学资源在不同教学平台上的有效规划与利用，从而为学生创造一个丰富、互动、高效的学习环境。

1. 适合在单元内容中使用的数字资源类型

综合中等职业学校思想政治课程标准和统编教材的内容与要求，适合在中等职业学校思政课基础模块各个"单元"使用的数字资源类型如表4-7所示。

表4-7 适合在单元教学中使用的数字资源类型

序号	教师本地化课件资源的应用类型		数字资源类型的选用
1	文本（含表格）	电子教材	—
		教学文件	—
2	图片/图像		选用
3	PPT课件		选用
4	二维动画		按需选用
5	三维动画与虚拟仿真、虚拟现实	三维动画	按需选用
		虚拟仿真	—
		虚拟现实	按需选用
6	音视频资料素材	音频	按需选用
		视频短片	选用
7	课程录像	课堂录像	—
		实训录像	—
		屏幕捕获	—
8	微课		按需选用
9	题库及试卷库		选用
10	行业资料库及专业文献		选用
11	教学案例库（含实训案例）		选用
12	目录索引		按需选用

2. 单元教学内容的数字化教学资源匹配分析

表4-8是基于"单元教学内容的体系构成"和"适合在单元内容中使用的数字资源类型"进一步构建的"单元教学内容的教师本地化课件资源匹配分析矩阵"，可以为教师进行单元教学内容的数字资源规划提供参考。

表4-8 单元教学内容的教师本地化课件资源匹配分析矩阵

"单元"的内容体系模型				适合使用的数字资源类型										
				图片/图像	PPT课件	二维动画	三维动画	虚拟现实	音视频资料素材		微课	题库及试卷库	行业资料库及专业文献	教学案例库	目录索引
									音频	视频短片					
单元N			单元引言	需要用到	载体资源	—	—	—	—	可能用到	可能用到	—	可能用到	—	—
	第N课		课引言	需要用到	载体资源	—	—	—	—	可能用到	可能用到	—	可能用到	—	—
		框N	阅读与思考	需要用到	载体资源	可能用到	可能用到	可能用到	可能用到	可能用到	可能用到	—	可能用到	可能用到	—
			目n 概念、阐述或说理性内容	需要用到	载体资源	—	—	—	—	—	可能用到	—	可能用到	可能用到	—
			相关链接(1个或多个,少量节点未设置)	需要用到	载体资源	可能用到	可能用到	可能用到	可能用到	可能用到	可能用到	—	可能用到	可能用到	—
			概念、阐述或说理性内容(少量节点未设置)	需要用到	载体资源	—	—	—	—	—	可能用到	—	可能用到	可能用到	—
			语录小标签	需要用到	载体资源	可能用到	可能用到	可能用到	可能用到	可能用到	—	—	可能用到	—	—
			启思导行	需要用到	载体资源	可能用到	可能用到	可能用到	可能用到	可能用到	—	可能用到	可能用到	可能用到	可能用到
			内容概览	需要用到	载体资源	—	—	—	—	—	可能用到	—	—	—	—
	学以致用		活动目标												
			活动任务与建议（1个或多个）	需要用到	载体资源	可能用到	可能用到	可能用到	可能用到	可能用到	—	可能用到	可能用到	可能用到	可能用到
			活动评价												

3. 基于单元教学内容进行融媒体教学规划

基于单元教学内容进行融媒体教学规划，是指教师针对某一教学单元的知识体系和教学目标，系统地整合文本、图像、音频、视频等多媒体教学资源，并结合互动性和创新性的教学方法，以提升教学效果和学习体验为目的，所进行的前瞻性和综合性的教学设计过程。这一规划旨在确保教学内容通过融媒体的形式得以生动展现，激发学生的学习兴趣和动力，同时满足不同学习风格和需求的学生，实现教学的最优化和个性化。

要在数字化教学资源类型规划的基础上实现融媒体教学资源的规划，可以采取的步骤与"基于导学内容进行融媒体教学规划"部分的内容类似，具体可参考前述这一内容。

（五）教师教学用书与学生学习用书的内容应用

在教师教学用书中，都有与教材中的"单元引言、课引言，阅读与思考，相关链接、概念、阐述与说理性内容，语录小标签，启思导行，内容概览，学以致用"相对应的教学要求、说明和资料补充。因此，在进行"单元"教学的融媒体教学规划与设计时，应该认真研究教师教学用书中相应的内容，在深入理解更加细化的教学要求的同时，将相关内容与资料素材补充应用于融媒体教学规划与设计中。

同理，在各本教材的学生学习用书中也存在着与"单元"教学内容相对应的学生学习内容，在融媒体教学规划与设计中也需要考虑将这些内容融入教学规划与设计成果。

四、融媒体数字化教学资源的匹配与准备

为各项教学内容匹配和准备相应的融媒体教学资源，是中职思政课融媒体教学中的关键环节。这一工作的重要性在于，它能够确保教学内容与多媒体资源的紧密结合，从而丰富教学手段，提升学生的学习兴趣和效果。在进行资源匹配和准备时，我们需注意资源的相关性和适宜性，选择与教学内容紧密相连、能够精准表达教学要点的多媒体资源。同时，资源的多样性和丰富性也是不可忽视的，

通过引入多种类型的资源，可以从不同维度激发学生的学习兴趣。此外，我们还应确保资源的可获取性和易用性，方便教师在教学过程中随时调用。最后，资源的更新和维护同样重要，只有保证资源的时效性和准确性，才能确保教学质量的持续提升。因此，精心匹配和准备融媒体教学资源，是中职思政课融媒体教学中不可或缺的一环。

（一）知识性内容的融媒体教学资源匹配

在"某一课程模块的章节（单元、课）教学内容规划与组织"中，进行知识性内容（包括基本概念、教材中的知识、说理性阐述等）的融媒体数字化资源匹配工作，需要确保所选取的数字化资源能够准确、有效地呈现和解释知识性内容，同时激发学生的学习兴趣和认知深度。可参考的步骤和要点说明如下：

（1）明确知识性内容的教学目标与要求：要清晰界定知识性内容的教学目标与要求，明确学生需要掌握哪些基本概念、理解哪些教材中的知识点，以及能够运用哪些说理性阐述。这有助于确定所需的融媒体数字化资源的类型和特点。

（2）梳理与筛选现有的融媒体数字化资源：针对知识性内容，梳理和筛选现有的融媒体数字化资源，包括文本、图片、图表、视频、音频、动画等。要确保这些资源具有准确性、权威性和适宜性，能够为学生提供清晰、直观的知识呈现和解释。

（3）评估数字化资源与知识性内容的匹配度：对筛选出的数字化资源进行评估，判断其与知识性内容的匹配程度。评估标准可以包括资源的内容准确性、呈现方式的直观性、解释力度的深度等。如果资源存在不足或不匹配的情况，需要进行进一步的修改或寻找其他更合适的资源。

（4）优化与整合数字化资源：根据评估结果，对数字化资源进行必要的优化和整合。这可以包括调整资源的内容、格式、呈现顺序等，使其更加符合知识性内容的教学需求和学生的认知特点。同时，可以考虑将不同类型的数字化资源进行组合和搭配，形成多元化的教学资源包，为学生提供更加丰富、立体的学习体验。

（5）建立数字化资源匹配清单与导航机制：将优化整合后的数字化资源进行整理，建立匹配清单和导航机制。这可以方便教师和学生在教学过程中快速找到与知识性内容相匹配的数字化资源，提高教学效率和学习效果。

（6）培训与指导师生使用匹配后的数字化资源：在匹配工作完成后，需要对教师和学生进行培训与指导，确保他们能够熟练使用匹配后的数字化资源进行知识性内容的教学和学习。培训内容可以包括资源的使用方法、教学策略、学习技巧等。

通过以上步骤，可以进行知识性内容的融媒体数字化资源匹配工作，为"某一课程模块的章节（单元、课）教学内容规划与组织"提供有力支持，促进教学质量和学习效果的提升。

（二）议题式教学活动的融媒体教学资源匹配

在"某一课程模块的章节（单元、课）教学内容规划与组织"中进行议题式教学活动的融媒体数字化资源匹配工作，需要确保所选取的数字化资源与议题式教学活动的目标、内容和方法相匹配，从而有效地支持教学活动的开展。可参考的步骤和要点说明如下：

（1）分析议题式教学活动的需求：要明确议题式教学活动的具体需求，包括教学目标、教学内容、教学方法和学生特点等。这些需求将决定所需的融媒体数字化资源的类型和特点。

（2）筛选与议题相关的数字化资源：根据议题式教学活动的需求，从已有的融媒体数字化资源中筛选出与议题密切相关的资源。这些资源可以包括文本、图片、视频、音频等多种形式，能够为学生提供丰富的学习材料和情境。

（3）评估数字化资源的适用性和有效性：对筛选出的数字化资源进行评估，确保其适用性和有效性。评估标准可以包括资源的内容质量、与教学目标的契合度、学生的接受程度等。如果资源不符合要求，需要进行进一步的修改或寻找其他合适的资源。

（4）优化数字化资源的匹配度：根据评估结果，对数字化资源进行必要的优化，以提高其与议题式教学活动的匹配度。优化措施可以包括调整资源的内容、格式、呈现方式等，使其更加符合教学需求和学生特点。

（5）建立数字化资源的匹配清单和管理机制：将优化后的数字化资源进行整理，建立匹配清单，方便教师和学生在议题式教学活动中快速找到所需的资源。同时，建立数字化资源的管理机制，确保资源的及时更新和维护。

（6）培训与指导师生使用匹配后的数字化资源：在匹配工作完成后，需要对教师和学生进行培训与指导，确保他们能够熟练使用匹配后的数字化资源进行议题式教学活动。培训内容可以包括资源的使用方法、教学策略等。

通过以上步骤，可以进行议题式教学活动的融媒体数字化资源匹配工作，为教学提供有力支持，提高教学效果和质量。

（三）实践教学活动的融媒体教学资源匹配

在"某一课程模块的章节（单元、课）教学内容规划与组织"中进行课程实践教学活动的融媒体数字化资源匹配工作，关键在于确保所选取的数字化资源与实践教学活动的目标、内容和方法紧密匹配，以有效支持学生的实践学习和操作。可参考的步骤和要点说明如下：

（1）明确实践教学活动的目标与要求：要明确课程实践教学活动的具体目标和要求。这包括学生需要掌握的实践技能、需要完成的实践任务、需要达到的实践成果等。只有明确了目标，才能有针对性地寻找和匹配相应的融媒体数字化资源。

（2）分析实践教学活动的内容与环节：详细分析实践教学活动的内容和环节，确定哪些环节需要数字化资源的支持，以及需要哪些类型的数字化资源。例如，实践操作技能演示可能需要视频资源，实践任务指导可能需要图文资源，实践成果展示可能需要多媒体资源等。

（3）筛选与评估现有的融媒体数字化资源：从已有的融媒体数字化资源中筛选出与实践教学活动相关的资源，并进行评估。评估标准可以包括资源的内容质量、与教学目标的契合度、学生的接受程度、资源的可用性和可访问性等。确保所选取的资源既符合教学要求，又易于学生使用。

（4）优化与调整数字化资源的匹配度：根据评估结果，对数字化资源进行必要的优化和调整，以提高其与实践教学活动的匹配度。这可能包括调整资源的内容、格式、呈现方式等，使其更加符合实践教学的需求。同时，也可以考虑将不同类型的数字化资源进行组合和搭配，形成多元化的教学资源包，为学生提供更加丰富、立体的学习体验。

（5）建立数字化资源的匹配清单与管理机制：将优化调整后的数字化资源进行整理，建立匹配清单，方便教师在实践教学活动中快速找到所需的资源。同时，建立数字化资源的管理机制，确保资源的及时更新和维护，保持与实践教学活动的持续匹配。

（6）培训与指导师生使用匹配后的数字化资源：在匹配工作完成后，需要对教师和学生进行培训与指导，确保他们能够熟练使用匹配后的数字化资源进行实践教学活动。培训内容可以包括资源的使用方法、实践教学策略、学生操作指导等。

通过以上步骤，可以进行课程实践教学活动的融媒体数字化资源匹配工作，为实践教学提供有力支持，提高实践教学效果和质量。

（四）教师教学用书和学生学习用书中的资料应用

与统编教材相匹配，在教师教学用书和学生学习用书中补充了大量的教学资料，比如在教师教学用书中，针对"每一课"都设置了"教学资源参考"这一专项内容。这些专门匹配的参考教学资源的权威性和专业度很高，从理论上讲已经能够满足每一课的教学规划与设计需要。在融媒体教学规划与设计中，基于这些权威参考教学资源需要开展的进一步的工作就是要尝试着在互联网上去寻找相应的融媒体资源，如果能够找到且可以使用，那么就可以直接用于融媒体教学设计；如果找不到或者找到的资料无法直接使用，那么就需要进行相关内容的数字化资料素材的制作，以便后续应用于融媒体教学。

（五）融媒体数字资源匹配之后的教学准备工作

在完成融媒体数字化资源匹配工作后，思政课教师团队还需要完成以下准备性工作：

（1）熟悉和掌握融媒体技术：思政课教师需要了解和熟悉所使用的融媒体技术的基本操作和功能，以确保能够顺利地在教学中运用这些技术。这可能包括学习如何操作多媒体教学设备、使用互动教学平台、制作和编辑数字化教学资源等。

（2）制定详细的教学计划：结合融媒体数字化资源的特点，教师需要制定详细的教学计划，包括教学目标、教学内容、教学方法、教学时间安排等。同时，还需要考虑如何在教学过程中融入学生互动、实践环节等元素，以提高教学效果。

（3）培训学生使用融媒体工具：为了确保学生能够顺利地参与到融媒体教学中来，教师需要对学生进行必要的培训，教授他们如何使用相关的融媒体工具。这可以包括学习如何访问在线学习资源、参与在线讨论、提交作业等。

（4）建立教学评价体系：教师需要建立一套科学、合理的教学评价体系，以便对学生的学习成果进行全面、客观的评价。这可以包括制定评价标准、选择评价方法、确定评价时间等。同时，还需要考虑如何利用融媒体技术来简化评价过程、提高评价效率。

（5）做好教学过程中的技术支持和应急准备：在教学过程中，教师可能会遇到一些技术问题或突发情况。因此，教师需要做好技术支持和应急准备工作，包括了解如何获取技术帮助、制定应急预案等。这可以确保教师在遇到问题时能够及时解决，避免影响教学进度和效果。

通过完成以上准备性工作，思政课教师团队可以更好地利用融媒体数字化资源支持教学，提高教学效果和学生的学习体验。

五、课程建设与教学文件的编制要点

与中职思政课的融媒体教学相配套，需要开展相关教学文件的融媒体化优化工作，旨在顺应信息化教育趋势，提升教学品质。融媒体教学能整合多元教学资源，创新教学方式，使思政课更生动、直观，贴近学生实际。优化课程建设与实施方案、教学大纲、教学方案及教案，有助于构建系统、科学的课程体系，确保教学内容的连贯性与针对性。通过融媒体化优化，教学文件将更具指导性和实用性，便于教师精准施教，学生高效学习。

（一）课程建设与实施方案的内容优化

中职思政课程建设与实施方案，是指在中等职业教育阶段，针对思政课程的教学目标、内容、方法、评价等方面进行的系统性规划和实施过程。它旨在构建一个符合中职学生特点和社会发展需求，能够有效传授思政知识、培养学生思想政治素质的教学体系。

1. 课程建设与实施方案的构成要点

中等职业学校思想政治课程的课程建设与实施方案确实具有其独特性，这主要体现在其紧密结合中等职业教育的特点、学生的实际需求以及社会的发展趋势。一个全面的中等职业学校思想政治课程建设与实施方案通常应包含表4-9所示内容。

表4-9　中等职业学校思想政治课程建设与实施方案构成

序号	项目	说明
1	课程定位与目标	阐述课程在中等职业教育体系中的角色和重要性
		明确课程的具体目标，包括知识、技能、情感态度与价值观的培养
2	教学内容与结构设计	根据《中等职业学校思想政治课程标准》等指导性文件，确定课程的核心内容
		结合行业需求和学生职业发展，设计具有实用性和前瞻性的教学内容
		安排教学模块和单元，确保内容的逻辑性和连贯性
3	教学方法与手段	针对中职学生的学习特点，选择合适的教学方法，如案例教学、情景模拟、小组讨论等
		利用信息技术手段，如多媒体教学、网络教学平台等，增强教学效果
4	教学资源与开发	评估现有教学资源，包括教材、教辅材料、教学设备等
		根据教学需要，开发或引进新的教学资源，如校本教材、行业报告、企业案例等
5	课程评价与反馈	设计多元化的评价体系，包括形成性评价和终结性评价，以全面反映学生的学习成果
		建立有效的反馈机制，及时收集和处理学生、教师、企业等各方面的反馈信息
6	师资队伍建设	评估现有教师的教学能力和专业背景，提出师资队伍建设的具体措施
		安排教师的培训和进修计划，提高教师的教学水平和专业素养
7	实施步骤与时间安排	制定详细的实施步骤和时间表，确保课程建设的顺利进行
		预留足够的时间用于课程的调整和完善，以应对实施过程中可能出现的问题
8	质量管理与持续改进	建立课程质量管理体系，明确质量标准和监控流程
		定期进行课程质量评估和教学反思，提出改进措施和建议

这样的课程建设与实施方案能够确保中等职业学校思想政治课程的有效实施和持续改进，从而更好地服务于学生的全面发展和社会的实际需求。

2. 课程建设与实施方案的优化要点

在融媒体教学模式下，中职思政课的"课程建设与实施方案"的优化显得尤为关键。这一教学文件需要充分融入融媒体教学的核心理念，将其作为提高教学质量和效率的关键路径。为此，应从以下方面进行内容的优化：

第一，强调融媒体教学的战略地位，明确其在课程建设中的核心作用，确保教学内容与融媒体手段紧密结合，以丰富多样的形式展现思政知识，激发学生的学习兴趣和深度思考。

第二，在技术支持方面，课程建设与方案实施需关注学校现有的技术设施和设备的完善与升级。应确保教室和在线教学平台等技术环境能够支持融媒体教学的顺利开展，从而充分发挥新媒体工具的优势，提升教学效果。

第三，教师的培训与发展同样至关重要。优化后的方案需要注重教师融媒体教学理念和技能的提升，通过组织专业培训和分享活动，使教师能够熟练掌握融媒体教学方法，有效整合教学资源，创新教学方式。

第四，课程建设与实施方案应致力于建立全面、丰富的教学资源库。这一资源库应涵盖多种形式的思政教学资源，便于教师随时调用，同时也为学生提供自主学习和拓展学习的平台。

综上所述，优化中职思政课的"课程建设与实施方案"需紧密结合融媒体教学的特点，注重技术支持、教师培训以及教学资源的整合与利用，以推动思政课教学的现代化与高效化。

（二）思政课教学大纲的内容优化要点

中等职业学校思政课基础模块各个子模块的教学大纲，是对中等职业教育阶段思政课程各子模块教学内容、教学目标、教学方法、学时分配以及评价标准等进行系统性、规范性阐述的指导性文件。它是开展中职思政课程教学的纲领性文件，具有指导教学实践、统一教学要求、保证教学质量的重要作用。

1. 各子模块教学大纲的内容构成要点

表4-10为中职思政课基础模块各子模块教学大纲的内容构成要点。

表4-10 中职思政课基础模块各子模块教学大纲的内容构成要点

序号	要点		说明
1	课程基本信息	课程名称	思政课子模块名称（如《中国特色社会主义》）
		课程性质与任务	明确课程在中等职业学校教育体系中的性质，以及对学生思想政治素质培养的具体任务
		学时分配	根据学校教学安排，确定总学时数和每周学时数
		目标学生群体	中等职业学校学生，考虑学生的年龄、专业背景和学习需求
2	课程目标	知识与技能目标	掌握子模块的基本概念、基本原理和基本知识，能够运用所学知识分析社会现象和问题
		过程与方法目标	培养学生独立思考、分析问题和解决问题的能力，以及合作学习和实践探究的能力
		情感态度与价值观目标	引导学生树立正确的世界观、人生观和价值观，增强国家意识、法治意识和职业道德意识
3	教学内容与要求	核心内容与重点	明确子模块的核心知识点和重点内容，确保学生掌握基本概念和基本原理
		难点与拓展	分析教学难点，提供相应的教学策略；同时，根据教学需要，适当拓展相关内容，丰富教学内涵
		实践与应用	结合子模块内容，设计实践环节，如社会调查、模拟演练等，帮助学生将理论知识应用于实际
		教学方法与手段	根据教学内容和学生特点，选择适当的教学方法，如讲授、讨论、案例分析等，并借助多媒体、网络资源等现代教学手段辅助教学
4	教学评估与反馈	评估方式	采用形成性评估和终结性评估相结合的方式，包括课堂表现、作业完成情况、期中考试和期末考试等
		反馈机制	建立有效的教学反馈机制，及时了解学生的学习情况和需求，调整教学策略，提高教学质量
	教材与教学资源	指定教材	选用适合中等职业学校学生的思政课教材，确保内容的系统性和连贯性
		辅助材料	根据教学需要，选择适当的辅助材料，如教学课件、案例库、学习指导等
		网络资源	充分利用网络资源，为学生提供丰富的学习材料和互动平台

2. 各子模块教学大纲的内容优化要点

在融媒体教学模式下，中职思政课各子模块的教学大纲的优化尤为关键。针对各子模块的教学大纲，需要充分考虑融媒体教学的特点，实现内容的创新与完善。具体而言，可以从以下几个方面进行优化：

首先，教学大纲应明确融媒体教学的地位和作用，将其作为提升子模块教学效果的重要手段。这要求大纲中融入融媒体教学的理念和方法，结合具体的教学内容，设计丰富多样的教学活动，以激发学生的学习兴趣和积极性。

其次，教学大纲需要关注技术支持的整合与应用。针对各子模块的教学内容，大纲应明确所需的技术设施和设备，并指导教师如何有效地利用这些技术支持，实现教学内容的生动展示和学生的积极参与。

再次，教学大纲应强调教师的培训与发展。针对融媒体教学的特点，大纲需要提供相应的培训内容和方法，帮助教师提升融媒体教学的理念和技能，确保他们能够有效地将融媒体元素融入各子模块的教学中。

最后，教学大纲还应关注教学资源的整合与利用。通过整合各类思政教学资源，形成丰富多样的教学资源库，教学大纲应指导教师如何充分利用这些资源，丰富教学内容，提升教学效果。

综上所述，在融媒体教学模式下，中职思政课各子模块的教学大纲的优化需要注重融媒体教学的理念和方法，整合技术支持，提升教师的培训与发展，以及充分利用教学资源。通过这样的优化，可以进一步提升中职思政课的教学效果，培养出更多具有正确价值观、社会责任感和公民意识的中职学生。

（三）课程教学方案及教案的内容优化

课程教学方案是一个全面规划和设计某一课程的文档，它详细阐述了该课程的教学目标、教学内容、教学方法、教学进度、教学评估等方面的内容。这个方案是教师进行教学工作的重要依据，旨在确保教学活动能够系统、有序、高效地进行，从而使学生能够全面掌握课程知识和技能，实现课程的学习目标。

1. 课程教学方案的内容构成要点

中等职业学校思政课各子模块的课程教学方案是确保教学质量和效果的核心文件，其内容构成要点涵盖了教学目标、教学内容、教学方法、教学评价等多个方面。表4-11是对其内容构成要点的详细阐述。

表4-11 中职思政课各子模块的课程教学方案的详细阐述

序号	要点	说明
1	教学目标	每个子模块的课程教学方案应明确具体的教学目标，包括知识目标、能力目标和情感态度价值观目标。这些目标应与学生的认知水平和实际需求相适应，并体现思政课程的育人功能
2	教学内容	教学内容是课程教学方案的核心部分，应包括各子模块的基本概念、原理、观点等。在选择和组织教学内容时，应注重内容的系统性、科学性和时代性，确保教学内容与学生所学专业的紧密结合
3	教学方法	教学方法是实现教学目标的重要手段。课程教学方案应详细阐述所采用的教学方法，如讲授法、讨论法、案例分析法等。同时，应注重教学方法的创新，结合融媒体教学的特点，探索线上线下相结合的教学模式，以提高学生的学习兴趣和参与度
4	教学评价	教学评价是检验教学效果的重要环节。课程教学方案应明确评价的方式和标准，包括课堂表现、作业完成情况、考试成绩等。同时，应注重形成性评价和总结性评价的结合，及时反馈学生的学习情况，为教学调整提供依据
5	教学资源与技术支持	课程教学方案还应关注教学资源和技术支持的利用，包括教材、教学课件、在线资源等，以及多媒体教室、网络教学平台等技术设施的利用。这些资源和技术的合理运用，有助于提升教学效果和学生的学习体验

综上所述，中等职业学校思政课各子模块的课程教学方案的内容构成要点涵盖了教学目标、教学内容、教学方法、教学评价以及教学资源与技术支持等方面。这些要点的合理设置和实施，是确保思政课程教学质量和效果的关键。

2. 课程教学方案的内容优化要点

在融媒体教学模式下，优化中职思政课各子模块的课程教学方案显得尤为关键。针对这一教学文件的内容优化，可以从以下几个方面进行简要说明：

首先，要紧密结合融媒体教学的特点，充分利用多媒体、网络等现代信息技术手段，创新教学方式方法。例如，可以引入在线互动、视频教学、社交媒体讨论等新型教学模式，使教学更加生动、形象、有趣，激发学生的学习兴趣和积极性。

其次，要注重各子模块之间的衔接与协调。在制定教学方案时，要充分考虑各子模块之间的逻辑关系和教学内容的联系，确保教学内容的系统性和连贯性。同时，要避免内容重复和交叉，提高教学效率。

再次，要加强教学资源的整合与利用。一方面，要充分利用现有的思政课教学资源，如教材、教学课件、案例库等；另一方面，要积极开发新的教学资源，如在线课程、教学视频、社交媒体资源等。通过整合和利用这些教学资源，可以丰富教学内容，提高教学效果。

最后，要注重教学评价与反馈机制的建立与完善。通过制定科学、合理的评价标准和方法，及时收集和分析学生的学习情况和反馈意见，为教学调整和改进提供依据。同时，要加强对教学过程的监督和管理，确保教学方案的顺利实施。

综上所述，优化中职思政课各子模块的课程教学方案需要紧密结合融媒体教学的特点，注重各子模块之间的衔接与协调，加强教学资源的整合与利用，以及建立完善的教学评价与反馈机制。通过这些措施的实施，可以进一步提升中职思政课的教学效果和质量。

3. 各子模块教学方案（教案）的内容优化

教学方案（教案）是教师为实施特定教学内容而设计的详细计划或方案。它通常包括教学目标、教学内容、教学方法、教学步骤、教学时间分配以及教学评估等元素，旨在确保教学活动能够有序、有效地进行，从而达到预期的教学效果。教案是教师备课的重要组成部分，也是教师进行教学的重要依据，有助于教师系统地组织教学活动，提高教学效率和教学质量。在编写教案时，教师需要根据学生的实际情况、课程标准和教学大纲的要求，精心设计教学内容和教学步骤，选择合适的教学方法和手段，以确保学生能够全面、深入地掌握所学知识和技能。

每所中等职业学校，都有自己的教学方案（教案）体例规范，在此提供一个通用型教学方案体例模型，并基于新课标、统编教材的相关教学要求以及融媒体化教学要求进行了编制要点说明，供学校和思政课教师参考与应用，见表4-12。

表4-12 中等职业学校思想政治课的教案内容模型与融媒体内容要点说明

教案的内容体系模型		可以增加融媒体教学思路与方法的内容点
1.教案首页（概要信息汇总）	1.1 课程名称	—
	1.2 教学章节名称	—
	1.3 课程类型（课堂教学、校内实践教学、校外实践教学）	—
	1.4 开课周次	—
	1.5 教学学时	—
	1.6 授课时间	—
	1.7 班级（人数）	—
	1.8 教学目的	—
	1.9 教学重点	—
	1.10 教学难点	通过融媒体教学解决教学难点的思路
	1.11 教学方法	应将融媒体教学纳入重要的教学方法
	1.12 资源/教具/设备/场所	应包含融媒体教学相关配套环境准备
	1.13 作业安排	作业安排与融媒体资源相结合
	1.14 教学后记（反思、总结）	包含融媒体教学的相关反思与总结
	1.15 授课教师+编制时间	—
	1.16 审签人+审签时间	—
2.教学规划与准备	2.1 教学内容分析	应包含教学内容怎样与融媒体教学相结合的分析
	2.2 学情分析	
	2.3 教学思路	应包含基于融媒体的教学思路分析
	2.4 教法分析	应包含基于融媒体的教学方法分析
	2.5 学法分析	应包含基于融媒体的学习方法分析
	2.6 教学环境准备	应包含融媒体教学相关配套环境准备
	2.7 上课流程简图	应包含融媒体教学应用的流程节点
	2.8 板书设计	—
3.课堂教学实施（对应"上课流程简图"）	3.1 教学内容与过程+配套进行各教学节点的（师生活动+教学方法+设计意图）说明	应包含融媒体教学应用的流程节点与相关说明
	3.2 附录（如果需要）	—
4.学生教学活动评价（自我评价+小组评价+教师评价）	4.1 教学活动简要说明 4.2 学生自我评价（心得体会） 4.3 小组对组员评价 4.4 教师对学生评价	应包含融媒体资源在教学活动中的应用

（四）教学文件中的教师与学生学习用书的应用

在课程建设与实施方案、教学大纲、课程教学方案、教学方案（教案）编写之前，教师应该首先系统化地完成对各本教材配套教师教学用书、学生学习用书的内容体系研究，并在脑海中构建起新课标、新教材、教师教学用书、学生学习用书各模块、各项组成内容之间的关联逻辑与映射关系。在此基础上，就可以做到针对某一项教学内容，可以很清楚地到哪里去找到教学要求、内容和资料等。这些，都是编写前述教学文件必备的内容和资料基础。

比如在教师教学用书中"针对某课的教学内容说明"的内容中，已经提供了教师编写各课教学方案的绝大部分内容。教师真正深入理解这一内容体系之后，就可以就基于教学用书中的相关内容编写出一份高质量的教学方案。

六、融媒体教学规划与设计成果的教学应用

在中等职业学校思政课程课堂教学中详尽地应用融媒体教学规划与设计成果的方法涉及四个阶段，即课前准备阶段、课堂教学阶段、课后拓展阶段、持续优化与反思。

1. 课前准备阶段

资源整合

教师根据思政课的教学大纲和具体内容，预先整合相关的融媒体教学资源，如时政新闻视频、专家讲座录音、互动性的教学软件等。

教学设计

结合融媒体资源的特点，设计课堂教学活动，如小组讨论、角色扮演、情景模拟等，确保学生能够积极参与到课堂中。

技术准备

检查和测试教室中的多媒体设备，确保其在课堂上能够正常运行。同时，为学生提供必要的技术指导，如如何使用教学软件等。

2. 课堂教学阶段

导入新课

➢ 利用融媒体资源，播放与课程内容紧密相关的视频或音频片段，旨在迅速吸引学生的注意力并激发他们的学习兴趣。

➢ 导入不仅为新课的学习创造了良好的开端，还为学生后续的学习打下了坚实的基础。

知识呈现与讲解

➢ 在讲解思政课的核心概念和原理时，结合融媒体资源，如PPT演示、动画解释或图表展示，将抽象知识具象化，帮助学生更好地理解和记忆。

➢ 利用融媒体的多样性，确保知识呈现方式既生动又有效，从而加深学生对知识点的印象。

案例分析与讨论

➢ 结合时事热点或社会现象，利用融媒体资源展示相关案例，引导学生进行深入分析和讨论。

➢ 案例分析方法有助于培养学生的批判性思维，提高他们分析问题和解决问题的能力。

巩固练习与反馈

➢ 利用教学软件或网络平台为学生提供课堂练习和自测的机会，帮助他们及时巩固所学知识。

➢ 通过练习和自测的反馈，学生可以了解自己的学习情况，教师也可以据此调整教学策略，确保教学效果的最大化。

3. 课后拓展阶段

作业布置

- 教师将通过融媒体平台为学生布置课后作业，确保每位学生都能清晰了解作业要求。
- 作业形式将尽可能多样化，如在线小测验、视频观后感撰写或进行社会调查并撰写报告等，旨在从不同角度锻炼学生的能力。
- 学生需在规定的时间内完成作业，并通过融媒体平台提交，确保作业的及时性和便捷性。

收集学习反馈

- 鼓励学生通过融媒体平台积极提供学习反馈，分享学生在课堂学习和融媒体应用过程中的体会和建议。
- 学生的意见和建议将为教师提供宝贵的参考，有助于及时调整教学策略，更好地满足学生的学习需求。

资源共享

- 课后，教师会将课堂上使用的所有融媒体资源和学习资料进行整理，并通过共享方式提供给学生。
- 学生可以随时随地访问这些资源，方便他们进行课后复习和自学，巩固所学知识。

4. 持续优化与反思

持续关注技术更新

- 随着融媒体技术的日新月异，教师需要保持敏锐的洞察力，不断关注新技术、新工具的出现及其在教育领域的应用。
- 当发现某项新技术或工具能够显著提升教学效果时，教师应适时将其引入课堂教学中，让学生体验到技术带来的学习变革。

课后教学反思与总结

➢ 每节课后，教师应静下心来对融媒体在思政课堂教学中的应用进行深入的反思和总结。

➢ 教师分析在教学过程中遇到的问题和存在的不足，思考这些问题背后的原因，并提出针对性的改进策略，以便在未来的教学中更好地发挥融媒体的优势。

定期评估学生学习情况

➢ 为了更好地了解学生对融媒体教学的接受程度和学习效果，教师需要定期对学生进行评估。

➢ 通过收集学生的反馈、查看学生作业和测验成绩等方式，教师可以全面了解学生的学习状况，并根据评估结果调整教学策略，以满足学生的个性化学习需求。

随着融媒体技术的迅速发展，教师在思政课堂教学中需持续关注并应用新技术、新工具，以提升教学效果。课后，教师应进行深入的教学反思和总结，分析存在的问题与不足，并提出有效的改进策略。同时，定期评估学生的学习情况，了解他们对融媒体教学的接受度和学习效果，是调整教学策略、满足学生个性化需求的关键。通过不断优化融媒体在思政课堂中的应用，我们可以更好地提升教学质量，满足学生的学习需求。

第五章

《职业道德与法治》教学规划与设计实践

在前面几章的内容中，我们深入探讨了融媒体教学的理论基础，包括其定义、特点、优势以及在教学中的应用价值。通过这些理论知识的学习，我们为后续的思政课融媒体教学打下了坚实的基础。接下来，我们将以《职业道德与法治》子模块的部分内容为例，来逐步实现和讲解思政课融媒体教学的规划与设计要点。

一、《职业道德与法治》模块综合介绍

《职业道德与法治》子模块在新课标和新教材中均有重要体现，两者共同构成了该模块的教学基础。新课标为教学提供了宏观指导和目标设定，而新教材则在内容上进行了细化和丰富，更具体地呈现了职业道德与法治的核心理念和实践要求。由于新教材相对新课标在内容上有所调整和完善，我们需要对两者进行比较分析，以确保融媒体教学规划与设计工作与最新的教学要求相契合。

（一）新课标中的内容简介

新课标中《职业道德与法治》简介内容如下：着眼于提高中职学生的职业道德素质和法治素养，对学生进行职业道德和法治教育。帮助学生理解全面依法治国的总目标和基本要求，了解职业道德和法律规范，增强职业道德和法治意识，养成爱岗敬业、依法办事的思维方式和行为习惯。

新课标中《职业道德与法治》的学业要求如下：通过本部分内容的学习，学生能够理解全面依法治国的总目标，了解我国新时代加强公民道德建设、践行职业道德的主要内容及其重要意义；能够掌握加强职业道德修养的主要方法，初步具备依法维权和有序参与公共事务的能力；能够根据社会发展需要、结合自身实际，以道德和法律的要求规范自己的言行，做恪守道德规范、尊法学法守法用法的好公民。

（二）统编教材的内容体系

表5-1是关于《职业道德与法治》统编教材的内容体系构成。

表5-1 《职业道德与法治》统编教材的内容体系表

导言	认识道德与法律的关系			
	坚持依法治国和以德治国相结合			
	提升职业道德素质和法治素养			
第一单元 感悟道德力量	引言			
	第1课 追求向上向善的道德	一、传承中华民族优良道德传统	1.道德的作用	
			2.自觉传承中华传统美德	
			启思导行	
		二、弘扬社会主义道德	1.坚持道德建设的社会主义方向	
			2.加强新时代公民道德建设	
			启思导行	
	第2课 让美德照亮幸福人生	一、做讲社会公德的好公民	1.社会公德是衡量社会文明程度的重要标志	
			2.遵守社会公德人人有责	
			启思导行	
		二、做守家庭美德的好成员	1.家庭美德是家庭幸福的精神滋养	
			2.为建设幸福和睦家庭尽责任	
			启思导行	
		三、在日常生活中养成好品行	1.个人品德是安身立命的根本	
			2.以实际行动促进全社会向上向善	
			启思导行	
	学以致用 追求讲道德、尊道德、守道德的生活	内容概览		
		活动任务	活动目标	
			任务一：我的道德自画像	
			任务二：做一个有道德的人	
		活动建议		
		活动评价		
第二单元 践行职业道德	引言			
	第3课 增强职业道德意识	一、新时代呼唤高素质劳动者	1.职业道德的特点	
			2.新时代对劳动者职业道德素质的要求	
			启思导行	
		二、职业道德是职业成功的必要保证	1.职业道德促进个人成长成才	
			2.职业道德促进社会发展	
			启思导行	

续表

第二单元 践行职业道德	第4课 在工作中做合格建设者	一、职业道德规范的主要内容	1.爱岗敬业
			2.诚实守信
			3.办事公道
			4.热情服务
			5.奉献社会
			启思导行
		二、积极参加职业道德实践	1.重视实训实习
			2.体验职业生活
			启思导行
	第5课 弘扬劳动精神、劳模精神、工匠精神	一、理解劳动精神、劳模精神、工匠精神	1.劳动精神、劳模精神工匠精神的内涵
			2.弘扬劳动精神劳模精神、工匠精神的意义
			启思导行
		二、践行劳动精神、劳模精神、工匠精神	1.践行劳动精神
			2.践行劳模精神
			3.践行工匠精神
			启思导行
	第6课 提升职业道德境界	一、遵守职业礼仪规范	1.职业礼仪蕴含的道德意义
			2.职业礼仪的基本要求
			启思导行
		二、养成良好职业道德习惯	1.提升职业道德修养的方法
			2.职业道德贵在养成
			启思导行
	学以致用 走近大国工匠和能工巧匠	内容概览	
		活动目标	
		活动任务	任务一：大国工匠、能工巧匠大家谈
			任务二：大国工匠、能工巧匠进校园
		活动建议	
		活动评价	

续表

第三单元 增强法治意识	引言		
	第7课 中国特色社会主义法治道路	一、我国法治建设的成就	1.法治让生活更美好
			2.新中国法治建设的发展历程与成就
			启思导行
		二、全面依法治国的意义与总目标	1.全面依法治国的意义
			2.全面依法治国的总目标
			启思导行
	第8课 建设法治中国	一、科学立法、严格执法、公正司法、全民守法	1.基本内涵
			2.基本要求
			启思导行
		二、建设法治国家、法治政府、法治社会	1.法治国家
			2.法治政府
			3.法治社会
			启思导行
	第9课 坚持依宪治国	一、坚持宪法至上	1.宪法的地位和作用
			2.宪法的基本原则
			3.宪法的主要内容
			启思导行
		二、保障宪法实施	1.宪法实施的意义
			2.我国的宪法监督制度
			3.维护宪法人人有责
			启思导行
	学以致用 积极参与法治中国建设学以致用	内容概览	
		活动目标	
		活动任务	任务一：畅谈宪法与生活的关系
			任务二：公民如何参与立法
			任务三：如何推进全民守法
		活动建议	
		活动评价	

续表

			引言
第四单元 遵守法律规范	第10课 养成遵纪守法好习惯	一、增强遵纪守法意识	1.认识法律的特征和作用
			2.认清法律与纪律的关系
			启思导行
		二、履行遵纪守法义务	1.增强遵纪守法的自觉性
			2.违法违纪要承担责任
			启思导行
	第11课 依法从事民事活动	一、民事活动要守法	1.民事活动的基本原则
			2.民事法律行为的有效条件
			启思导行
		二、民法保护我们的权利	1.民法保护人身权
			2.民法保护财产权
			启思导行
		三、违法违纪要承担责任	1.违约责任
			2.侵权责任
			启思导行
	第12课 自觉抵制犯罪	一、刑法是惩罚犯罪、保护人民的利器	1.我国刑法的目的和任务
			2.我国刑法的基本原则
			启思导行
		二、与犯罪行为作斗争	1.了解犯罪的特征和构成要件
			2.有勇有谋应对违法犯罪
			启思导行
	第13课 学会依法维权	一、依法理性维权	1.通过非诉讼方式维权
			2.通过诉讼方式维权
			启思导行
		二、崇尚程序正义	1.讲程序重证据
			2.维护司法公正
			启思导行
		内容概览	
	学以致用 做尊法学法守法用法的好公民	活动目标	
		活动任务	任务一：尊法学法大家谈
			任务二：守法用法见行动
		活动建议	
		活动评价	
		后记	

（三）新课标和新教材的内容比较分析

统编教材相较于新课标，在内容体系、内容组织以及教学活动设置等方面都发生了显著的变化。统编教材更加注重知识的系统性和完整性，通过优化内容结构，使学科知识更加连贯、深入。同时，新教材在内容组织上更加贴合学生实际，强调知识的应用性和实践性，有助于培养学生的综合素质和实践能力。在教学活动中，统编教材设置了多样化的学习活动，旨在激发学生的学习兴趣和积极性，促进学生主动参与、合作学习。

因此，在教学中应以统编教材为主体，充分发挥其在教学过程中的主导作用。同时，新课标中的相关内容可以作为教学参考，与统编教材相互补充、相互支撑。通过合理利用新课标中的教学资源和方法建议，可以更好地指导教学，提高教学效果。综上所述，统编教材与新课标相互融合、相互促进，共同构成了一套完整的教学体系，为培养具有创新精神和实践能力的新时代学生提供了有力保障。

在进行《职业道德与法治》教学规划与设计的过程中，应该充分遵循教师教学用书和学生学习用书中的相关教学说明、要求，并充分运用相应的补充资料服务于教学。

二、模块导学中的融媒体教学设计与应用

在本节，我们以"第四章"的理论知识为基础，以《职业道德与法治》的导学为案例，来讲解思政课导学的融媒体教学设计要点，内容包括本课导言部分的教学内容分析、导学的教学内容与融媒体资源规划要点，以及融媒体化教学PPT示例等几个部分。

（一）导言部分的教学内容分析

要进行导学的融媒体教学规划与设计，首先需要研究《职业道德与法治》这一子模块的导言部分的内容和教学目标，并且需要将这些内容和要求融入模块导学的内容中去。《职业道德与法治》导言的内容体系与教学目标分析如表5-2所示。

表5-2 《职业道德与法治》导言的内容体系与教学目标分析表

详细内容体系		内容要点说明	教学目标分析
导言	引言	提出学习本课程首先要明确的问题	提出问题，引发思考
	认识道德与法律的关系 — 阅读与思考	社会主义核心价值观入法入规	理解道德与法律的关系
	认识道德与法律的关系 — 概念、阐述与说理性内容	道德与法律的作用与共同性	理解道德与法律的作用与共同性
	认识道德与法律的关系 — 语录小标签	法律与道德的重要性	强化对法律与道德重要性的认知
	坚持依法治国和以德治国相结合 — 阅读与思考	德治或法治在网络综合治理中发挥的作用	理解德治或法治在网络综合治理中的作用
	坚持依法治国和以德治国相结合 — 概念、阐述与说理性内容	应怎样实现依法治国和以德治国相结合	理解依法治国和以德治国相结合的结合思路
	坚持依法治国和以德治国相结合 — 语录小标签	法律对道德的作用	理解法律对道德的作用
	坚持依法治国和以德治国相结合 — 相关链接	法律对亵渎、诋毁、抹黑英雄的行为进行严惩	懂得通过法律保护英雄人物，彰显公共价值，弘扬社会主义核心价值观的重要性
	提升职业道德素质和法治素养 — 概念、阐述与说理性内容	怎样提高全民法治意识和道德自觉	理解怎样提高全民法治意识和道德自觉
	提升职业道德素质和法治素养 — 阅读与思考	张某侵犯商业秘密的故事	懂得提高职业道德素质和法治素养的价值
	提升职业道德素质和法治素养 — 概念、阐述与说理性内容	学习"职业道德与法治"课程的必要性与作用	理解学习"职业道德与法治"课程的必要性与作用
	提升职业道德素质和法治素养 — 语录小标签	弘扬工匠精神，激励技能成才与报国	强化对工匠精神、技能成才、技能报国之路的认知

在上表中，基于模块导言的每一部分组成内容，进行了针对性的内容要点说明和教学目标分析，从而为下一步的融媒体教学资源规划奠定了分析和规划基础。

（二）导学的教学内容与融媒体资源规划要点

按照"课程模块导学中的融媒体教学规划要点"要求，基于课程模块导学的内容体系构成与内容要求，可以形成《职业道德与法治》导学的教学内容与融媒体资源规划要点分析表格，见表5-3。

表5-3 《职业道德与法治》导学的教学内容与融媒体资源规划要点表

序号	模块导学的内容体系构成	教学内容来源规划	融媒体教学资源规划		外部融媒体资源的引用
			数字化基础教学资源规划		
1	模块概述与目标	1.新课标"基础模块"中本子模块的介绍段落和"学习要求"段落 2.《职业道德与法治》导言中的"引言"部分	载体资源：融媒体化的教学PPT	①文字内容 ②图片：内容图片+效果图片+资源导引图片（按需）	按需设置外部融媒体资源链接
2	教学内容与重难点	基于新教材"二级目录"和各单元的"内容概览"进行梳理，形成全教材二级或三级思维导图，以及重点难点内容标记		①文字内容 ②图片：内容图片+效果图片+资源导引图片（按需）	按需设置外部融媒体资源链接
3	学习方法与策略	综合新课标中的"教学要求"和新教材的教学内容特点，进行内容规划与总结		①文字内容 ②图片：内容图片+效果图片+资源导引图片（按需） ③视频短片（集成多维信息，讲解学习方法与策略）	—
4	学习资源与工具	综合新课标中的"教学要求"和新教材的教学内容特点，以及课程配套的资源与工具，进行规划与总结		①文字内容 ②图片：内容图片+效果图片+资源导引图片（按需） ③视频短片（集成多维信息，讲解学习资源与工具，以及相关学习应用）	按需设置学习资源的目录索引，以及学习工具链接，以具体呈现两方面的内容
5	学习进度与安排	综合新课标中的学时要求和新教材的教学内容特点，以及学校的实际教学安排，进行内容规划与总结		①文字内容 ②图片：内容图片+效果图片+资源导引图片（按需）	—
6	评价与反馈机制	综合新课标中的"学业质量"和"学业水平评价"、新教材"启思导行"和"学以致用"，以及学校实际采用的评价机制，进行内容规划与总结		①文字内容 ②图片：内容图片+效果图片+资源导引图片（按需） ③视频短片（集成多维信息，呈现评价与反馈机制的运行过程）	—

在以上表格的"融媒体教学资源规划"部分，分别基于导学的内容体系中的各项组成内容进行了数字化基础教学资源规划和外部融媒体资源的引用两部分内容的规划，其中的要点包括以下几方面。

（1）"模块导学的内容体系构成"，构建了导学的内容体系。

（2）"教学内容来源规划"，基于导学的内容体系，规划了导学各内容组成的来源。

（3）"数字化基础教学资源规划"，规划了数字化基础教学资源，并采用融媒体化的教学PPT作为载体资源。

（4）"外部融媒体资源的引用"，规划了哪几项导学内容需要考虑设置外部融媒体资源链接，从而将外部融媒体资源应用于教学。

以上融媒体资源规划成果及进一步细节，需要在导学的详细教学规划与设计文件中进行进一步细化和明确，包括搜集、选择、确定与教学内容匹配的具体本地化教学资源，以及具体的外部资源等。这些教学规划与设计成果最终将通过融媒体化的教学PPT集中呈现出来。

（三）导学的融媒体化教学PPT示例

在完成以上"融媒体教学资源规划"之后，再按照教师常规化的教学规划与设计要求完成教学内容的详细教学规划与设计工作之后，就可以进行模块导学融媒体教学资源的开发与制作。在模块导学中，我们采用了融媒体化的教学PPT作为各类资源的主要载体，因此，融媒体教学课件的制作工作将围绕着教学PPT来展开。以下是模块导学部分的融媒体化教学PPT的制作示例与说明。

1. 示例页1：电影情境导入"法安天下，德润人心"

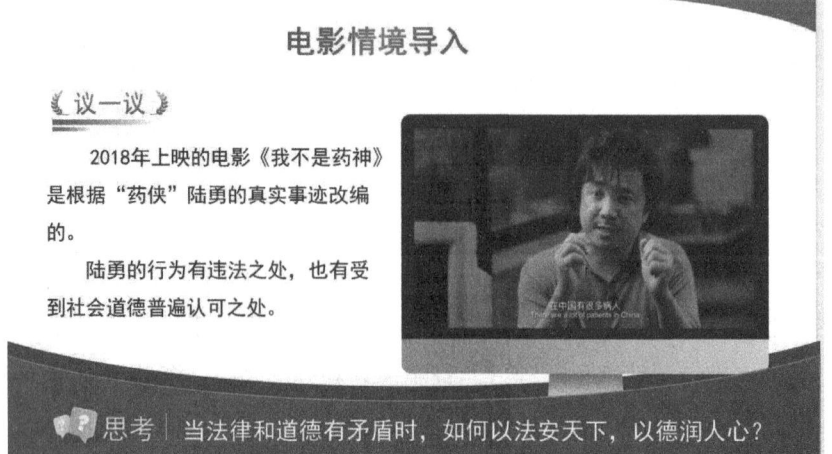

本PPT展示导言部分的导入，由此电影情节中出现的"两难情境"作为道德与法治关系的导入，也是整门课程的开篇。学生能从电影情节中的两难情境感受到道德与法治的碰撞，电影情节的紧张与纠结，也会将学生带入情境，引发学生深刻地思考。再通过教师的启发式引导和小组同学之间的讨论碰撞，能更深入地分析情境，得出正确的选择。

2. 示例页2：法治与德治辩论赛的图文资源

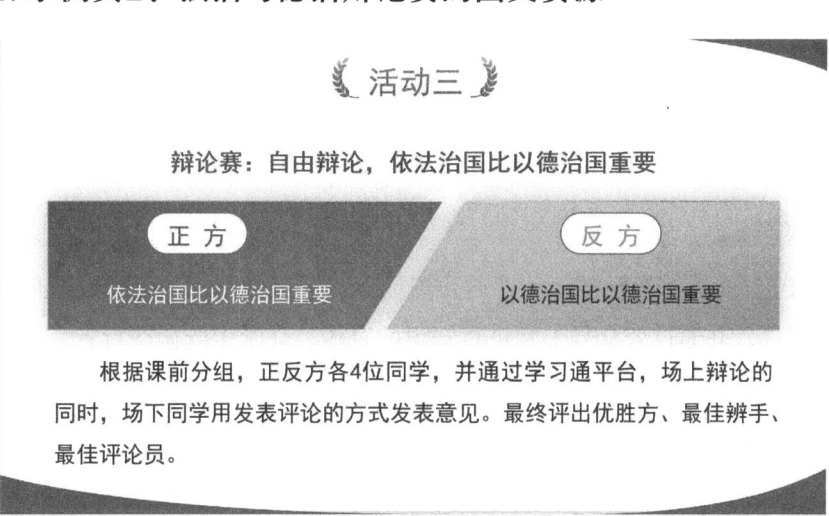

本页PPT展示的是"法治与德治"辩论赛的资源，用来讲解和学习"依法治国"和"以德治国"的关系的知识点。学生通过课前利用融媒体手段找到的资源进行辩论赛内容组织，课上辩论，其他同学通过学习通平台进行评论，既及时发表看法，又不影响场上同学辩论。最终通过学习通平台进行投票、评分等操作，更高效地完成课堂任务，提升了学生的政治认同、法治意识、公共参与的学科核心素养，也提升了学生的融媒体素养。

3. 示例页3：课后拓展资源

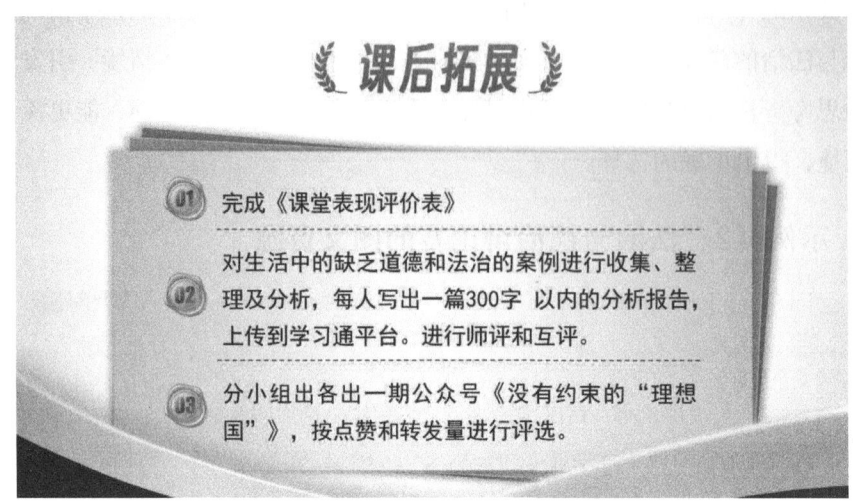

本PPT页面展示导学部分的课后拓展任务。通过学习通平台完成课后任务的践行及评价，并通过公众号平台进行知识的宣传，让学生既做践行者，又做宣传者，巩固知识的同时，提升学生的政治认同、法治意识、公共参与的学科核心素养，也提升学生的融媒体素养。

三、"第3课　增强职业道德意识"融媒体教学设计要点

在本节，我们以"第四章"的理论知识为基础，以《职业道德与法治》第一单元"第3课　增强职业道德意识"为案例，来讲解具体的思政课融媒体教学设计要点，内容包括本课的教学内容体系与要点分析、教学内容的融媒体教学设计着力点分析、融媒体教学资源的搜集与准备，以及融媒体教学资源的成果示例等几个部分。

（一）教学内容体系与要点

要进行本课的融媒体教学规划与设计，首先需要研究"第3课　增强职业道德意识"的内容和教学目标，具体的分析情况如表5-4所示。

表5-4 "第3课 增强职业道德意识"的内容体系与要点表

详细内容体系			内容要点	教学目标分析
引言			明确学习目标	明确学习目标
一、新时代呼唤高素质劳动者	1.职业道德的特点	阅读与思考	举例名言警句，说说职业道德有哪些特点	理解职业道德的特点
		概念、阐述与说理性内容	职业道德的内涵与特点	理解职业道德的内涵与特点
		语录小标签	每一个阶级和行业都有各自的道德	强化对职业道德内涵和特点的理解
		相关链接	导游、快递、电焊工的职业道德规范	了解不同行业人员的职业道德规范特点
	2.新时代对劳动者职业道德素质的要求	阅读与思考	2035年基本实现社会主义现代化对劳动者的职业道德提出的要求	懂得2035年基本实现社会主义现代化对劳动者职业道德提出的要求
		概念、阐述与说理性内容	为什么要培养大批德才兼备的高素质劳动者	理解为什么要培养大批德才兼备的高素质劳动者
		相关链接	我国制造业发展的情况	了解我国制造业的发展情况
		概念、阐述与说理性内容	当代中国青年生逢其时，应该怎样做	懂得中国当代青年应该怎样做
	启思导行		讨论近年新增职业的职业道德素质要求	了解近年新增职业的职业道德素质要求
二、职业道德是职业成功的必要保证	1.职业道德促进个人成长成才	阅读与思考	快递小哥宋学文的故事	理解职业道德对个人岗位成才的影响
		概念、阐述与说理性内容	理解职业道德的重要意义和具体规范要求的重要性	理解职业道德的重要意义和具体规范要求的重要性
	2.职业道德促进社会发展	阅读与思考	不同岗位上的工作场景	理解职业道德对社会发展的作用
		概念、阐述与说理性内容	职业道德促进企事业及行业的发展	懂得职业道德是企事业及行业持续发展的内在动力
		相关链接	几名杰出人物的职业道德践行	学习杰出人物践行职业道德的精神
		概念、阐述与说理性内容	职业道德促进全社会道德水平提升	懂得职业道德是公民道德建设的重要内容
	启思导行		针对一个职业写出职业道德规范	学会针对职业群思考针对性的职业道德规范

（二）教学内容的融媒体教学设计着力点分析

基于以上的"第3课 增强职业道德意识"的内容体系与要点分析，我们就可以进一步完成针对各项教学内容的"融媒体教学设计着力点"分析与规划，从而为后续的融媒体教学资源的搜集和准备奠定基础。具体如表5-5所示。

表5-5 "第3课 增强职业道德意识"的融媒体教学设计着力点表

详细内容体系			内容要点	融媒体教学设计的着力点
引言			明确学习目标	通过融媒体资源更加形象地呈现"行业行规，业有业德"的社会状态与规则
一、新时代呼唤高素质劳动者	1.职业道德的特点	阅读与思考	举例名言警句，说说职业道德有哪些特点	①汇总形成名言警句的目录索引 ②设置每一个名言警句的外部链接，导入名言警句讲解的本地文件或外部资源，包括讲解文本、音频或视频短片等
		概念、阐述与说理性内容	职业道德的内涵与特点	教学内容基本梳理和条理化的PPT基础图文混排呈现
		语录小标签	每一个阶级和行业都有各自的道德	呈现和扩展"语录标签"的内容： ①选择一：语录的"效果图片+语录的文本内容" ②选择二：语录的"内容图片" ③选择三：语录的"资源导引图片+本地文件关联或外部链接"，包括讲解文本、音频或视频短片等
		相关链接	导游、快递、电焊工的职业道德规范	呈现和扩展"相关链接"的内容： ①选择一：面向不同行业人员的"效果图片+职业道德规范文本内容" ②选择二：面向不同行业人员的"内容图片" ③选择三：面向不同行业人员的"资源导引图片+本地文件关联或外部链接"，包括讲解文本、新闻报道、专题片或视频短片等 ④选择四：汇总形成不同行业人员的职业道德规范汇总的目录索引，并设置各条索引的本地文件关联或外部链接，包括讲解文本、新闻报道、专题片或视频短片等
	2.新时代对劳动者职业道德素质的要求	阅读与思考	2035年基本实现社会主义现代化对劳动者的职业道德提出的要求	呈现和扩展"2035年基本实现社会主义现代化"的内容： ①选择一：效果图片+文本内容 ②选择二：内容图片 ③选择三："资源导引图片+本地文件关联或外部链接"，包括新闻报道、专题片或视频短片等 ④选择四：汇总目录索引，并设置各条索引的本地文件关联或外部链接，包括新闻报道、专题片或视频短片等
		概念、阐述与说理性内容	为什么要培养大批德才兼备的高素质劳动者	教学内容基本梳理和条理化的PPT基础图文混排呈现

续表

详细内容体系		内容要点	融媒体教学设计的着力点
一、新时代呼唤高素质劳动者	2.新时代对劳动者职业道德素质的要求 — 相关链接	我国制造业发展的情况	呈现和扩展"我国制造业发展情况"的内容： ①选择一：效果图片+文本内容 ②选择二：内容图片 ③选择三："资源导引图片+本地文件关联或外部链接"，包括新闻报道、专题片或视频短片等 ④选择四：汇总目录索引，并设置各条索引的本地文件关联或外部链接，包括新闻报道、专题片或视频短片等
	概念、阐述与说理性内容	当代中国青年生逢其时，应该怎样做	教学内容基本梳理和条理化的PPT基础图文混排呈现
	启思导行	讨论近年新增职业的职业道德素质要求	呈现和扩展"我国近年部分新增职业"的内容： ①选择一：效果图片+文本内容 ②选择二：内容图片 ③选择三："资源导引图片+本地文件关联或外部链接"，包括新闻报道、专题片或视频短片等 ④选择四：汇总目录索引，并设置各条索引的本地文件关联或外部链接，包括新闻报道、专题片或视频短片等
二、职业道德是职业成功的必要保证	1.职业道德促进个人成长成才 — 阅读与思考	快递小哥宋学文的故事	呈现和扩展"快递小哥宋学文的故事"： ①选择一：效果图片+文本内容 ②选择二："资源导引图片+本地文件关联或外部链接"，包括新闻报道、专题片或视频短片等 ③选择三：汇总类似故事的目录索引，并设置各条索引的本地文件关联或外部链接，包括故事简介、新闻报道、专题片或视频短片等
	概念、阐述与说理性内容	理解职业道德的重要意义和具体规范要求的重要性	教学内容基本梳理和条理化的PPT基础图文混排呈现
	2.职业道德促进社会发展 — 阅读与思考	不同岗位上的工作场景	呈现和扩展"不同岗位上的工作场景"的内容： ①选择一：效果图片+文本内容 ②选择二：内容图片 ③选择三："资源导引图片+本地文件关联或外部链接"，包括新闻报道、专题片或视频短片等 ④选择四：汇总"不同岗位上的工作场景"目录索引，并设置各条索引的本地文件关联或外部链接，包括新闻报道、专题片或视频短片等
	概念、阐述与说理性内容	职业道德促进企事业及行业的发展	教学内容基本梳理和条理化的PPT基础图文混排呈现

续表

<table>
<tr><th colspan="2">详细内容体系</th><th>内容要点</th><th>融媒体教学设计的着力点</th></tr>
<tr><td rowspan="3">二、职业道德是职业成功的必要保证</td><td rowspan="2">2.职业道德促进社会发展</td><td>相关链接</td><td>几名杰出人物的职业道德践行</td><td>呈现和扩展"杰出人物的职业道德践行"的内容：
①选择一：效果图片+文本内容
②选择二：内容图片
③选择三："资源导引图片+本地文件关联或外部链接"，包括文字故事、新闻报道、专题片或视频短片等
④选择四：汇总"杰出人物的职业道德践行"目录索引，并设置各条索引的本地文件关联或外部链接，包括文字故事、新闻报道、专题片或视频短片等</td></tr>
<tr><td>概念、阐述与说理性内容</td><td>职业道德促进全社会道德水平提升</td><td>教学内容基本梳理和条理化的PPT基础图文混排呈现</td></tr>
<tr><td colspan="2">启思导行</td><td>针对一个职业写出职业道德规范</td><td>呈现和扩展"所学专业对应的专业群中的职业"的内容：
①选择一：效果图片+文本内容
②选择二：内容图片
③选择三："资源导引图片+本地文件关联或外部链接"，包括文字介绍、新闻报道、专题片或视频短片等
④选择四：汇总"所学专业对应的专业群中的职业"目录索引，并设置各条索引的本地文件关联或外部链接，包括文字介绍、新闻报道、专题片或视频短片等</td></tr>
</table>

基于本课内容体系中的各项组成内容，在以上表格对本课的"融媒体教学设计的着力点"进行了分析规划，并形成了不同的融媒体资源呈现形式选择。这一融媒体资源规划成果及进一步细节，需要在本课的详细教学规划与设计文件中进一步细化和明确，包括确定与各项教学内容匹配的具体本地化教学资源，以及具体的外部资源等。这些教学规划与设计成果最终将通过融媒体化的教学PPT集中呈现出来。

（三）融媒体教学资源的搜集与准备

在完成了教学内容的融媒体教学设计着力点分析的基础上，从融媒体系教学规划与设计的角度来讲，接下来最重要的一项工作就是进行"融媒体教学资源的搜集与整理"，特别是外部链接型教学资源。教学思路再有吸引力，如果没有现实可用或者可以提供开发素材的资料素材可用，那么融媒体教学规划与设计也无法往下推进。因此，这一工作是融媒体教学规划与设计可实现的重要基础与支撑。以下提供了针对"第3课　增强职业道德意识"的部分资料素材搜集整理成果，供教师们参考。

1. "行业行规，业有业德"的资源匹配

每个行业都有自己的规范和职业道德。与社会公德、家庭美德、个人品德相比，职业道德有明显的职业性，集中反映了特定行业和职业的特殊要求，体现为"行为行规，业有业德"。同时，职业道德还有明显的约束性，除了与其他道德共有的"内心信念、传统习俗和社会舆论"的精神约束外，还有行为规范、纪律要求，甚至法律要求，个别伴有一定的奖惩机制。形式上也是多样的。

在融媒体资源上，我们可以通过寻找不同行业或岗位的规范，可以是图文资源，如各个企业的"行为规范""工作守则""操作要求"等图片，给学生直观的视觉感受，还可以是视频资源。除了具体要求，还可以增加遵守和违反要求带来良好或者恶劣后果的案例，增强学生遵守职业道德的自觉性，强化职业精神。例如，可以找到的资源有：

【视频资源】民间故事：国有国法，行有行规，开锁行业的行规是什么？

【视频资源】车佬道：为何行规不可破：每个行业都有每个行业的规矩

【视频资源】老戏骨怒批行业现状，对数字演员零容忍，男团成员被中戏老师训斥

2. "名言警句"的资源匹配

关于职业道德的名言警句是古今中外不同行业从业者的感悟，以激励后人、澄清价值观，达到道德引领的作用。学习职业道德的名言警句，可以帮助学生在职场中监督自己、鞭策、鼓励自己，树立起正确的职业道德意识。

在融媒体资源上，我们可以通过图片、名人故事文章（网站、公众号）、名人场馆、名人事迹视频资料等资源来展现，除了可以展示给学生名言警句本身，还可以通过资源让学生明了名言警句提出的背景、蕴含的道理。例如，可以找到的资源有：

【视频资源】孙思邈学医——医者仁心

【文字资源】同仁堂——修合无人见，存心有天知

3.恩格斯语录的资源匹配

恩格斯语录："每一个阶级，甚至每一个行业，都各有各的道德。"既点明了职业道德的普遍性，又点明了职业道德的职业性。行行都有，但行行都不一样。在教学的过程中，我们可以运用恩格斯提出这句话的相关背景资源来讲解，这就需要一定的融媒体资源来支撑。恩格斯语录的图片、文字资料、视频资源都可以采用。例如，可以找到《路德维希·费尔巴哈和德国古典哲学的终结》《马克思恩格斯选集》关于职业道德部分的读书讲解视频资源。

4.不同行业职业道德规范的资源匹配

不同行业职业道德规范各不相同，这是职业道德职业性特点的体现。这里可以通过展示不同行业的不同职业道德规范来帮助学生理解。可以通过图文资料、视频资料，甚至可以通过人工智能撰写体现学生本专业职业道德规范的情景剧，由学生进行表演来进行课堂教学。例如，在百度人工智能对话框中输入"体现电子商务职业道德的情景剧"，AI就能写出一篇相关的剧本，由学生进行改编、演绎，既能提高课堂效率、学生参与的积极性，又能加深学生理解。

5."2035年基本实现社会主义现代化"的资源匹配

2035年基本实现社会主义现代化，这是新时代的目标，其内容包括文化强国、教育强国、人才强国、体育强国、科技强国、制造强国、质量强国、网络强国、数字中国等，这些目标的实现需要高质量发展，需要发展新质生产力，这就对劳动者素质提出了更高的要求。教学过程中，需要让学生了解新时代的内涵、发展新质生产力对劳动者提高的要求，才能增强学生提高自身素质的紧迫感。这需要通过融媒体手段，给学生更直观、震撼、全面且精准的分析和数据展示，例如数据分析表格、视频资源、数据文字描述。比如，能找到的资源有：

【视频资源】《数说新时代》

【视频资源】《什么是新质生产力？》

【公众号文字资源】新时代是什么？

【图片资源】2035年基本实现社会主义现代化远景目标

6. "我国制造业发展情况"的资源匹配

技能人才作为高素养劳动者的重要组成部分,是发展新质生产力的坚强人才基座。据《制造业人才发展规划指南》统计,预计到2025年,全国制造业重点领域人才缺口将接近3000万人,缺口率将达48%,技能型人才将呈现供不应求的状态。制造业的人才缺口表明,新时代呼唤高素质劳动者,而高素质劳动者来源于我们的青年学生。可以用视频、图文资料、图表给学生直观的感受,提升学生提升自身素质,投入国家建设的紧迫感,增强公共参与意识。比如:

【视频资源】我国制造业发展情况

【图表资源】《制造业人才发展规划指南》

【文字资源】到2025年,这些行业人才缺口将近3000万!

【视频资源】学习强国:长知识!新质生产力是个什么力

【图片资源】(央视新闻)什么是"新质生产力"?一组图带你了解

7. "我国近年部分新增职业"的资源匹配

由于时代发展的需要,我国近年新增了许多新职业,教材中列出了部分新增职业的名称,可以通过融媒体手段帮助学生更加全面了解本专业新增的职业。比如,可以匹配的资源有:

【文字资源】《职业教育专业目录(2021)》

【文字资源】我国新增多项职业资格 行业发展呼唤专业人才

【视频资源】2022中国职业分类大典(公示版)

【视频资源】你准备好了吗?新就业时代将开启,00后眼中的热门职业有哪些?

8. "快递小哥宋学文的故事"资源匹配与扩展

快递小哥宋学文的事迹是教材中的阅读与思考的案例,用以证明职业道德对个人岗位成才的影响。教学过程中,教师可以找到与学生本专业相关的融媒体资源,更有针对性地对学生进行职业道德意识教育。例如:

【视频资源】致敬快递小哥宋学文:奋斗创造奇迹—基层视野·学习心得—共产党员网

【视频资源】董宇辉的"与辉同行"
【视频资源】上海工匠"白帽黑客"罗清篮

9. "不同岗位上的工作场景"的资源匹配

不同岗位上的工作场景不仅能给学生未来职业以直观感受，还能让其了解到未来工作岗位的相关要求，包括仪容仪表、言谈举止、表情神态等礼仪的要求，也包括爱岗敬业、诚实守信等职业道德要求。除了图片资源外，还可以通过视频资源、文字案例资源、自媒体公众号、短视频等资源进行展示。如：

【视频资源】各职业的劳动场景
【图片资源】各岗位的工作场景

电信行业工作场景　　　　　　　餐饮行业工作场景

电商行业工作场景　　　　　　　网络安全行业工作场景

10. "杰出人物的职业道德践行"的资源匹配

职业道德意识终将落实到从业者个人的职业行为当中。而各行各业中都不乏职业道德高尚的杰出人物和模范人物。在教学过程中，要让学生有更深刻的了解和感悟，需要让学生深入了解分析本专业相关行业的劳动模范、道德模范，形成榜样引领，让学生从了解到崇敬、从崇敬到效仿，完成知、信、行的学习任务，达到立德树人的教育目标。而让学生深入分析杰出人物，则离不开融媒体手段的应用。我们可以通过VR展厅、模范人物视频资源、模范人物公众号文字资料、短视频平台等方式向学生全方位展示杰出人物的职业道德践行事迹。例如：

【展馆资源】河源市总工会—劳模展馆VR展厅

【视频资源】广东新闻频道《文明观察》：致敬劳动者 全国劳动模范——曾俊钦

【图文资源】劳模风采—中国工会新闻—人民网

11．"所学专业对应的专业群中的职业"

每一个专业所对应的职业很多，基于其相通的职业知识和技能，这些职业形成了一个职业群。帮助学生厘清专业所对应的职业群可以让学生更好地了解本专业，而且可以帮助他们开拓将来就业的思路，挖掘自身潜力，找到适合自己的职业。通过融媒体手段，可以较好地完成这一任务。如：利用人工智能寻找与学生专业、兴趣等相匹配的职业。利用视频资源，向学生讲解同一专业中不同岗位的具体要求，帮助学生建立起对职业以及职业道德要求的第一印象，有的放矢地培养自己的相关职业素养。

（四）融媒体教学资源的开发成果示例

在"第3课 增强职业道德意识"的课堂教学中，我们采用了融媒体化的教学PPT作为各类资源的主要载体，因此，融媒体教学课件的制作工作将围绕着教学PPT来展开，同时还需要开发一些配套的数字化教学资源。以下是"第3课 增强职业道德意识"的融媒体化教学资源的开发成果示例与说明。

示例1：职业道德行为视频合集

本PPT页面用于第3课导入部分，用不同职业的职业道德行为来导入职业道德的话题。通过短小简洁的视频片段，引导学生从众多正面或反面的素材中，找出不符合要求的行为，在辨别的过程中，做出正确的道德判断和选择，为后续深刻理解职业道德的内涵作出情感铺垫。视频内容贴近生活，贴近实际，给让学生产生共鸣，初步达到树立职业道德意识的教学目标。

示例2：地区劳模展馆VR展厅

本资源为VR展厅，可以根据各地区实际选择相应的劳模展厅。本展厅系广东省河源市总工会创建的劳模展厅，展出不同职业的劳动模范，有真人解说，也

可由学生自由参观，并进行分享。展厅展示出劳动模范的事迹以及其带来的影响，用于讲解职业道德对个人成长成才的作用和对社会发展的作用，可以给学生以视觉冲击、沉浸式体验，更好地发挥榜样引领的作用。

示例3：新时代对劳动者职业道德素质要求的图文资源

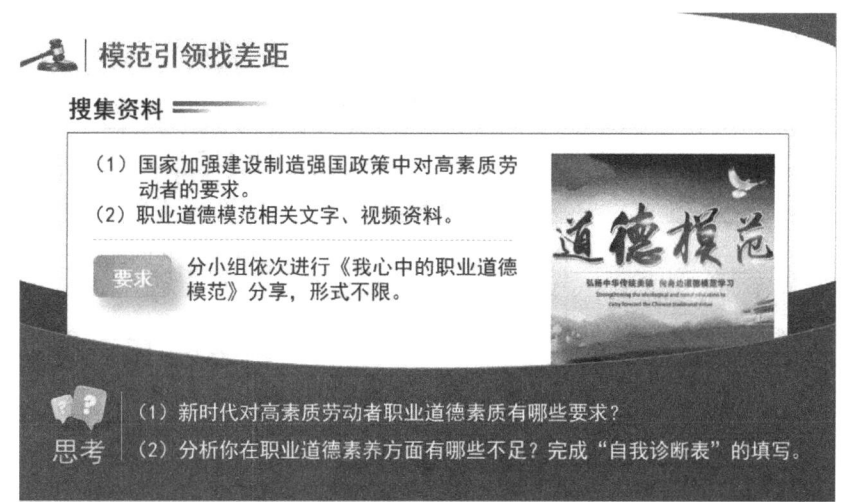

本PPT旨在指引学生在前面学习了职业道德内涵和作用，也即解决了"是什么"和"为什么"两个问题后，将问题落实到"怎么做"上，明晰了国家对高素质劳动者的要求，形成见贤思齐的迫切感。通过对学生提出的搜集资料和分享的要求，引导学生利用网络上的融媒体资源进行学习和宣传。既将课堂内容落到实处，提升了学生的政治认同、职业精神、人格健全、公共参与的学科核心素养，也同时提升了学生融媒体素养。

四、第二单元"学以致用"的融媒体规划与应用

在本节，我们以《职业道德与法治》第二单元"践行职业道德"的"学以致用：走进大国工匠和能工巧匠"为案例，来讲解"学以致用"教学活动的融媒体教学设计要点，内容包括融媒体教学应用的着力点、融媒体教学资源的搜集与准备，以及融媒体活动介绍与实施资源示例等几个部分。

（一）融媒体教学应用的着力点分析

基于"第二单元 践行职业道德"下的"学以致用"的内容体系与教学要求，以及面向教学活动的融媒体教学规划与设计的特点，可以完成本单元"学以致用"的融媒体教学应用着力点分析，从而为后续的融媒体教学资源的搜集和准备奠定基础。具体如表5-6所示。

表5-6　第二单元"学以致用"的融媒体教学应用着力点分析表

教学内容构成			内容要点	融媒体教学设计的着力点		按需使用的互联网融媒体资源
				学以致用的教学简介PPT		
				载体资源	素材资源	
学以致用	引言		本单元简要总结与知识应用与要求		教学内容基本梳理和条理化的PPT基础图文混排呈现	—
	活动目标		明确活动目标		教学内容基本梳理和条理化的PPT基础图文混排呈现	—
	活动任务	大国工匠、能工巧匠大家谈	场景设置：某班级开展"学习大国工匠、能工巧匠领悟工匠精神"主题活动		教学内容基本梳理和条理化的PPT基础图文混排呈现	—
			影片观看的内容与目的	融媒体化PPT	影片介绍的呈现： ①选择一：影片图片+文本内容 ②选择二：影片及内容简介一体化图片 ③选择三：资源导引图片+影片的本地文件关联或外部链接 ④选择四：汇总形成影片的目录索引，并设置各条索引的本地影片文件关联或外部链接	1.大国工匠、能工巧匠、工匠精神的专题纪录片 2."大国工匠年度任务"颁奖典礼 3.可以获取并使用的其他类似资源
			撰写演讲稿，开展主题研究		①演讲稿撰写方法的图文PPT图文混排 ②优秀演讲稿样例的图片呈现，或基于图片的本地文件关联调用 ③优秀演讲过程案例的短视频呈现（1个或多个）	互联网上的学习大国工匠精神的相关优秀视频演讲资源、演讲稿样例等

续表

教学内容构成			内容要点	融媒体教学设计的着力点		
				学以致用的教学简介PPT		按需使用的互联网融媒体资源
				载体资源	素材资源	
学以致用	活动任务	场景设置：班级开展"弘扬工匠精神 提升职业素养"主题活动	设置活动场景	融媒体化PPT	教学内容基本梳理和条理化的PPT基础图文混排呈现	—
		大国工匠、能工巧匠大家谈	人物访谈	访谈的准备、实施与反思总结		①访谈任务讲解的图文PPT图文混排 ②优秀访谈提纲样例的图片呈现，或基于图片的本地文件关联调用 ③优质访谈过程案例的短视频呈现（1个或多个） ④优秀反思总结样例的图片呈现，或基于图片的本地文件关联调用	互联网上的大国工匠、能工巧匠访谈新闻片、纪录片、专题片、访谈节目，以及短视频等
		参观走访	参观、观摩与分享参观走访体会		①参观走访讲解的图文PPT图文混排 ②优质参观走访过程案例的短视频呈现（1个或多个） ③优秀参观走访体会样例的图片、视频、文字呈现（含基于图片的本地文件关联调用）	
	活动建议		给出活动建议		教学内容基本梳理和条理化的PPT基础图文混排呈现	—
	活动评价	评价表格及其说明	提供评价表格及配套说明		①评价表格及说明的基本梳理和条理化的PPT基础图文混排呈现 ②评价表格应用案例的图文混排说明，或者是短视频说明	—
	总结		总结与激励性内容		教学内容基本梳理和条理化的PPT基础图文混排呈现	—

（二）融媒体活动资源的搜集与整理

在完成了"学以致用"教学活动任务的教学内容的融媒体教学设计着力点分析的基础上，接下来就是进行融媒体教学资源的搜集与整理，特别是外部链接型教学资源。以下提供了针对"第二单元 践行职业道德"下"学以致用"的部分资料素材搜集整理成果，供教师们参考。

1. 自有活动资源的整理与应用

我们针对本门课程的融媒体教学开发了一系列资源，并将这些数字化教学资源载入到学校的公众号、视频号和云盘上。

在开展本门课程的教学中，我们随时可以调用相关教学空间的资源进行教学。在第二单元"学以致用"的教学中，我们可以使用的资源包括视频资源、影片资源、VR展馆资源等。学校现有的资源虽然丰富，但是也无法满足全部的动态需求，因此，针对本门课程的教学，我们还需要不断搜集资源进行补充。

2. 大国工匠、能工巧匠、工匠精神的专题纪录片

专题类纪录片是指围绕某一领域或某一方面，集中地、深入地通过非虚构的艺术手法，直接从现实生活中获取图像和音响素材，真实地表现客观事物以及作者对事物的认识与评价的纪实性电影或电视艺术形式。在教学过程中，为让学生深入了解更真实、更鲜活的大国工匠、能工巧匠，领悟工匠精神，我们可从央视网下载央视纪录片《大国工匠》（共八集），充实到教学内容。

3. "大国工匠年度人物"颁奖典礼

"大国工匠年度人物"颁奖典礼，是由全国总工会、中央广播电视总台联合举办的活动，旨在通过评选选拔出的年度人物，为个人、企业树立榜样，弘扬劳模精神、工匠精神，推崇劳动者的尊严和价值，倡导全社会尊重劳动、崇尚创新的价值观念。获奖的人物遍布各个行业和领域，不分岗位大小不分级别高低，最重要的是能在自己的岗位上做到兢兢业业，追求卓越，充分发挥工匠精神，努力做到精益求精。组织学生观看"大国工匠年度人物"颁奖典礼，聚焦榜样，使学生在颁奖典礼的氛围中感受工匠们的爱岗敬业，对事业孜孜不倦的追求及专注，激发学生追求卓越、精益求精，弘扬劳模精神、工匠精神。通过登录央视网，输入关键词"大国工匠年度人物"颁奖典礼，可搜集到自2018年以来每年一度的颁奖典礼直播视频。

4. 大国工匠、能工巧匠访谈性资源

通过大国工匠、能工巧匠访谈性资源的推送展示，可使学生更直接获取被访谈者的先进事迹，感受被访谈者在平凡岗位上的付出和贡献。对大国工匠、能工巧匠的访谈，有来自各种媒体的推送，人民网、央视网、各地的卫视频道都有不同行业的工匠人物访谈性节目，如北京卫视对大国工匠刘更生的专访。各种纸媒也会对杰出的大国工匠、能工巧匠进行专访报道，这些资源都可以被搜集起来成为辅助该章节教学内容的拓展性素材。

5. 学习大国工匠精神的演讲资源

学习大国工匠精神的演讲资源可以从央视网、哔哩哔哩网、优酷网等渠道获取，也可以把学校开展的"技能成才　强国有我"主题教育活动——"未来工匠说"演讲活动录制的视频上传到网盘，再通过外部链接补充到教学过程之中。

（三）融媒体化活动介绍与实施资源示例

在"第二单元　践行职业道德"的"学以致用"教学活动中，我们采用了融媒体化的教学PPT作为活动介绍的主要载体，同时还需要搜集、组织或开发一些配套的数字化教学资源为活动过程和总结等提供支撑。以下是本部分"学以致用"的融媒体化教学资源的搜集与开发成果示例与说明。

示例1：走进大国工匠，感受工匠精神

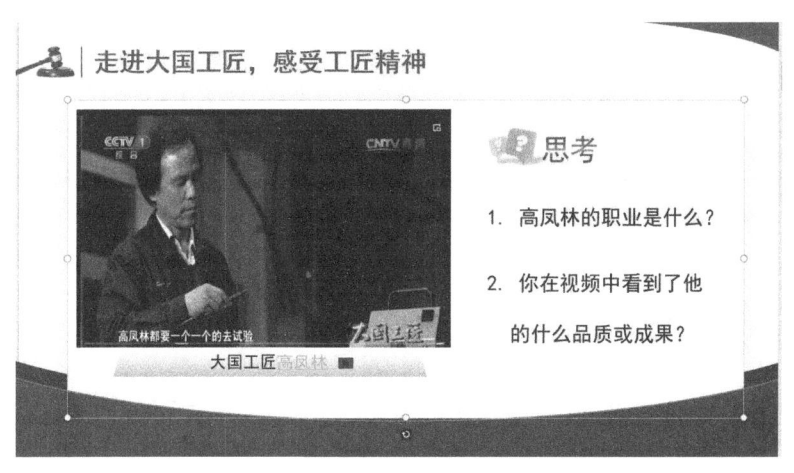

点击链接进入央视网，观看《大国工匠》专题纪录片，进一步了解并感受高凤林对事业孜孜不倦、精益求精的追求。

示例2：人工智能让生活更美好

点击链接进入央视网，观看"2023年度大国工匠年度人物"颁奖典礼，了解清华才女彭菲如何用技能为社会发展赋能，让人工智能推动人类美好生活的实现。

示例3：大国工匠刘更生的访谈视频

点击链接，进入哔哩哔哩网站，观看大国工匠刘更生的访谈视频，深入了解以心琢物，以技传世，大国工匠刘更生的故事，感受刘更生全身心专注于一事，无私传承国家级非物质文化遗产的信念与情怀。

五、课堂教学应用情况与经验总结

在《职业道德与法治》教学规划与设计的基础上，我们在《职业道德与法治》课程教学中积极探索融媒体教学实践，取得了显著成效。具体经验包括：

（1）明确融媒体教学的时代价值：在数字化时代，融媒体教学已成为教育创新的重要手段。我校充分认识到融媒体教学在丰富教学内容、提升教学互动性、激发学生学习兴趣等方面的独特优势。因此，在《职业道德与法治》课程中，学校积极引入融媒体教学理念，致力于提升课程的教学质量和效果。

（2）构建完善的融媒体教学体系：学校结合《职业道德与法治》的学科特点和教学目标，构建了完善的融媒体教学体系。通过修订教学大纲、优化教学方案、准备丰富多样的融媒体教学资源，学校确保教学内容与时代发展同步，满足学生的学习需求。

（3）创新教学方法，提升教学互动：在融媒体教学模式下，学校教师不断探索创新教学方法，如情景模拟、角色扮演、在线讨论等，以激发学生的学习兴趣和主动性。同时，学校还注重教学互动的提升，通过利用多媒体教学软件、在线互动平台等工具，加强师生之间的交流与互动，提高教学效果。

（4）注重学生主体性的发挥：在融媒体教学中，学校始终坚持以学生为中心的教学理念。通过设计多样化的教学活动和任务，学校鼓励学生积极参与课堂讨论、小组合作等学习方式，培养学生的自主学习能力和团队协作精神。这种注重学生主体性的教学方式不仅增强了学生的学习体验感，更有助于提升他们的学习效果。

（5）持续反思与总结，优化教学实践：学校在融媒体教学实践中不断总结经验教训，反思教学方法和手段的有效性。通过收集学生的反馈意见、分析教学数据等方式，学校及时发现问题并进行调整优化。这种持续反思与总结的态度使我校的融媒体教学水平不断提升，为培养具备高度职业道德素养和法治意识的中职学生提供了有力支撑。

综上所述，学校在《职业道德与法治》课程中积极探索融媒体教学实践，通过明确融媒体教学的时代价值、构建完善的融媒体教学体系、创新教学方法、注重学生主体性的发挥以及持续反思与总结等举措，取得了显著成效。在未来的教学中，学校将继续深化融媒体教学的应用与研究，努力提升中职思政课的教学质量和水平。

第六章

思政课教学模式改革中的融媒体配套建设

本章重点从教师数字化素养提升、融媒体资源库体系建设、思政课评价体系的融媒体关联优化、思政VR体验式教学环境的建设要点等四个方面，思考和初步规划中等职业学校思政课教学模式改革中的融媒体相关配套建设，从而为融媒体技术与资源的教学应用奠定支撑和评价环境基础。

一、教师数字化素养提升培训

2022年11月30日，教育部发布了《教师数字素养》教育行业标准。该标准对中等职业学校思想政治课程教师的数字化素养提升有着重要的参考和指导作用。

（一）《教师数字素养》教育行业标准的内容

教育部《教师数字素养》行业标准的具体内容主要包括五个维度：数字化意识、数字技术知识与技能、数字化应用、数字社会责任以及专业发展。这些维度构成了教师数字素养的基本框架，每个维度下还包括若干二级维度和三级维度，包含教师应具备的数字素养，见图6-1。

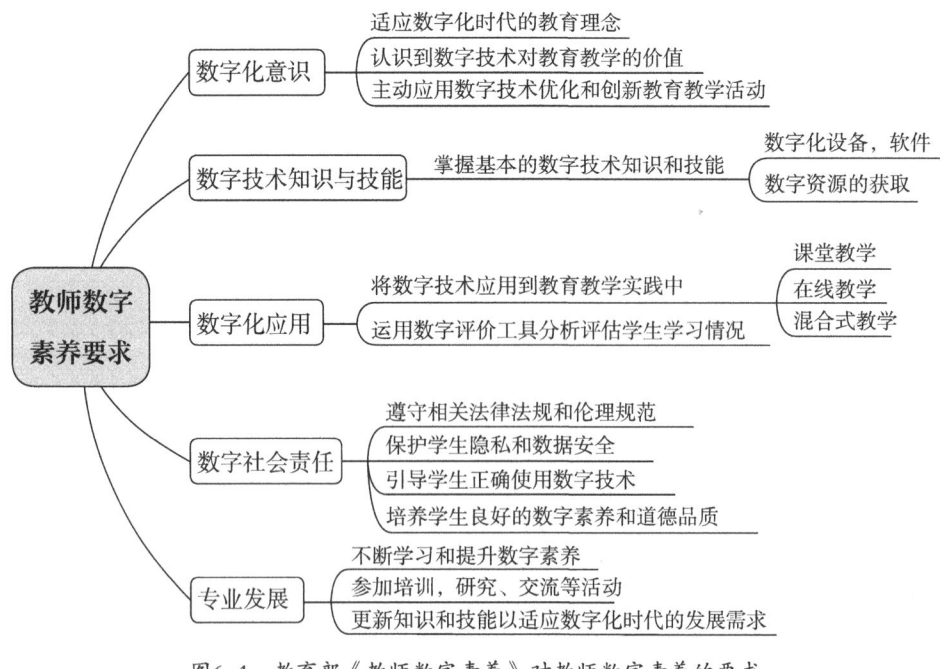

图6-1 教育部《教师数字素养》对教师数字素养的要求

该标准的发布旨在指导教师们跟上时代步伐，不断学习新技能，借助变革的数字技术，提高教育能力和水平。

（二）教师应怎样基于行业标准提升数字素养

基于教育部《教师数字素养》行业标准，教师应该从以下几个方面提升数字素养：

（1）加强数字化意识：教师需要认识到数字化时代对教育的影响和价值，积极拥抱数字技术，并将其视为优化和创新教育教学活动的重要手段。通过持续学习和实践，教师可以增强对数字技术的敏感性和主动性，更好地适应数字化时代的教育需求。

（2）提升数字技术知识与技能：教师应掌握基本的数字技术知识和技能，包括数字化设备、软件、平台的使用方法和技巧，以及数字资源的获取、加工、使用和管理等。可以通过参加培训、自学、交流等方式，不断提高自己的数字技术水平，以便更好地应用到教育实践中。

（3）强化数字化应用：教师应将数字技术应用到教育教学实践中，如利用数字技术进行课堂教学、在线教学、混合式教学等。通过实践探索和创新应用，教师可以发现数字技术在教学中的潜力和优势，提高教学效果和学习体验。

（4）树立数字社会责任：教师在使用数字技术时，应遵守相关法律法规和伦理规范，保护学生的隐私和数据安全。同时，教师还应引导学生正确使用数字技术，培养良好的数字素养和道德品质，共同营造健康、安全的数字化教育环境。

（5）追求专业发展：教师应不断追求专业发展，通过参加培训、研究、交流等活动，不断更新自己的知识和技能，以适应数字化时代的发展需求。可以关注最新的教育技术动态和研究成果，积极参与学术交流和研讨活动，拓展自己的专业视野和思维空间。

总之，提升数字素养需要教师全面了解和掌握数字化时代的教育理念和技能要求，注重实践应用和创新发展，不断追求专业成长和进步。

（三）教师基于行业标准提升数字素养的具体举措

教师提升数字素养需要采取多种具体举措，包括学习数字技术知识、实践数字技术应用、提升数字化教学能力、强化网络信息安全意识、参与数字素养培训和研修以及关注新技术发展动态等。这些举措将有助于教师更好地适应数字化时代的教育需求，提高教育教学质量和效果。基于教育部《教师数字素养》行业标准提升教师数字素养的具体举措包括以下几个方面：

（1）学习数字技术知识：教师可以通过参加线上线下培训课程、自学、向同行请教等方式，学习掌握基本的数字技术知识和技能，如数字化设备、软件、平台的使用方法和技巧，以及数字资源的获取、加工、使用和管理等。

（2）实践数字技术应用：教师应将所学的数字技术知识应用到教育教学实践中，积极探索数字化教学模式和方法。例如，利用数字技术进行课堂教学、在线教学、混合式教学等，通过实践不断提升自己的数字技术应用能力。

（3）提升数字化教学能力：教师可以通过观摩优秀数字化教学案例、参加教学比赛、接受同行评价等方式，不断提升自己的数字化教学能力。同时，还可以利用数字技术工具进行自我评价和反思，不断改进自己的教学策略和方法。

（4）强化网络信息安全意识：教师应加强网络信息安全意识，了解并遵守相关法律法规和伦理规范，保护学生的隐私和数据安全。例如，在教学活动中使用加密技术保护学生信息，不泄露学生个人隐私等。

（5）参与数字素养培训和研修：教师可以参加由学校、教育机构或政府组织的数字素养培训和研修活动，与同行交流学习心得和经验，共同提升数字素养水平。

（6）关注新技术发展动态：教师应保持对新技术发展动态的关注，了解最新的教育技术趋势和应用前景。可以通过阅读相关书籍、期刊、参加学术会议等方式获取最新信息，以便及时调整自己的教学策略和方法。

（四）中职学校教师提升素质素养应组织的培训

基于教育部《教师数字素养》行业标准和中等职业学校师资队伍的特点，应该组织以下针对教师的培训，以提升教师的数字素养，见表6-1。

表6-1 教师培训基本内容

序号	项目	说明
1	基础数字技能培训	针对中等职业学校师资队伍中数字技能水平参差不齐的情况，组织基础数字技能培训，包括计算机操作、常用软件使用、网络搜索等基本技能，以提高教师的数字技术应用能力
2	数字化教学资源制作与应用培训	结合中等职业学校的教学需求和特点，培训教师如何制作和应用数字化教学资源，如多媒体课件、教学视频、在线课程等，以丰富教学手段，提高教学效果
3	信息化教学设计与实践培训	引导教师将数字技术与教学内容相结合，进行信息化教学设计，培训教师如何运用多媒体教学、混合式教学等创新教学方式，提升教学水平和质量
4	数据安全与隐私保护培训	加强教师的网络安全意识，培训教师保护学生隐私和数据安全，避免网络风险和纠纷，确保数字化教学活动的安全和稳定
5	教育信息化政策与标准培训	向教师介绍国家教育信息化政策和相关标准，特别是教育部《教师数字素养》行业标准，帮助教师了解政策要求和标准规范，提升教师的数字素养水平，更好地适应数字化时代的教育需求
6	跨学科数字素养培训	鼓励教师跨学科合作，共同探索数字技术在不同学科领域的应用。组织跨学科数字素养培训，拓宽教师的数字技术应用视野，促进教师之间的交流与合作
7	实践与反思	在培训过程中，强调实践环节，鼓励教师在实际教学中应用所学数字技能，并定期组织教师进行反思和分享，以巩固培训成果，持续提升数字素养

这些培训应该根据教师的实际需求和学校的教学资源来定制，确保培训内容的针对性和实用性。同时，建立数字素养培训的长效机制，定期组织相关培训和交流活动，为教师提供持续的学习和发展机会，不断提升他们的数字素养水平，以适应数字化时代中等职业教育的发展需求。

（五）中职学校思政课教师的数字素养提升特点

中等职业学校思政课教师在数字素养提升方面，相对于专业课教师和其他公共课教师，存在着一些不同和特点，具体包括：

首先，思政课教师的数字素养提升应更加注重其在思想政治教育中的应用。他们需要熟练掌握数字技术和工具，以便更好地将思想政治教育内容与数字技术相结合，创造出更具吸引力和影响力的教学方式。例如，利用多媒体资源、在线学习平台和社交媒体等工具，开展线上线下的混合式教学，引导学生主动参与、积极思考。

其次，思政课教师在数字素养提升中应更加注重信息的筛选和甄别能力。由于网络信息的复杂性和多样性，思政课教师需要具备更高的信息敏感性和批判性思维，以便从海量信息中筛选出有价值、有教育意义的内容，并对其进行合理的分析和解读。这将有助于他们更好地引导学生正确看待和处理网络信息，避免受到不良信息的影响。

此外，思政课教师的数字素养提升还应更加注重网络安全和道德规范的教育。他们需要向学生传授网络安全知识，培养学生的网络安全意识和自我保护能力。同时，他们还需要引导学生遵守网络道德规范，树立正确的网络价值观和行为准则。

最后，思政课教师在数字素养提升中应更加注重跨学科合作与交流。由于数字技术的广泛应用和快速发展，思政课教师需要与其他学科领域的教师进行更紧密的合作与交流，共同探索数字技术在思想政治教育中的创新应用。这将有助于他们不断拓宽视野、更新知识、提高教学效果。

综上所述，中等职业学校思政课教师的数字素养提升应更加注重在思想政治教育中的应用、信息的筛选和甄别能力、网络安全和道德规范的教育以及跨学科合作与交流等方面。这些特点将有助于他们更好地适应数字化时代的教育需求，提高思想政治教育的质量和效果。

（六）思政课教师的数字素养提升培训内容体系

针对中等职业学校思政课教师的数字素养提升培训，可以构建以下一套的培训内容体系（表6-2）。

表6-2　中职思政课教师数字素养培训内容体系

序号	项目	具体内容
1	数字技术与思想政治教育的结合	数字技术在思想政治教育中的应用概述
		数字技术对思想政治教育的影响与变革
		案例分析：成功运用数字技术的思政课教学实例
2	数字素养基础技能培训	基础办公软件操作与高级应用
		网络信息搜索与整理技巧
		数字资源的管理与共享
3	信息化思政课教学设计与实践	信息化思政课教学策略与方法
		线上与线下混合式教学的实施与案例分析
		数字时代思政课创新教学方法与实践

续表

序号	项目	具体内容
4	网络安全与道德规范教育	网络安全意识与防范措施
		引导学生树立正确的网络价值观和行为准则
		网络道德与法规教育内容和方法
5	数字素养提升中的跨学科合作与交流	跨学科合作在数字素养提升中的重要性
		与其他学科领域教师合作与交流的实践案例分享
		建立跨学科合作与资源共享的机制与平台
6	数字素养在思政课教学中的实际应用与展示	实践任务：设计并实施一次数字化思政课教学案例
		成果展示与交流：分享各自的教学实践经验和收获
		个人数字素养发展规划：制订持续发展计划和目标

通过以上培训内容体系，可以帮助中等职业学校思政课教师全面提升数字素养，掌握数字技术在思想政治教育中的应用，提高教学效果和影响力。同时，加强教师的网络安全意识和道德规范教育，培养他们正确的网络价值观和行为准则，以更好地引导学生应对数字化时代的挑战。此外，通过与其他学科领域的教师进行跨学科合作与交流，拓宽教师的视野和知识面，促进他们在数字素养提升方面的共同进步。

二、融媒体资源库体系的建设

中等职业学校思想政治课程融媒体资源库是一个集成了文本、图片、音频、视频等多种媒体形式的数字化教学资源库，专为中等职业学校思想政治课程而设计。该资源库旨在通过提供丰富、生动、互动性强的教学资源，增强学生的学习兴趣和参与度，从而提升思想政治课程的教学效果和学习体验。通过这一平台，教师和学生可以方便地访问和使用这些资源，促进教学活动的多样化和创新化。

（一）融媒体资源库的建设步骤

建设中等职业学校思想政治课程融媒体资源库是一个系统性工程，旨在打造一个全面、多元、高质量的教学资源平台，以服务于中等职业学校的思想政治课程教学。通过有效整合文本、图片、音频、视频等融媒体资源，该资源库将极大地激发学生的学习兴趣，提升他们的学习积极性和参与度。同时，借助生动、形象的教学内容展示，帮助学生更深入地理解和掌握思想政治课程的核心知识。此外，该资源库还将为教师提供丰富的教学素材和工具，支持教学方法和手段的创新，进而优化思想政治课程的教学效果和学习体验。最终目标是通过资源库的应用，培养中等职业学校学生具备良好的思想政治素质、道德品质和法治意识，为他们的全面发展和未来职业生涯奠定坚实的基础。

建设中等职业学校思想政治课程融媒体资源库需要以下步骤：

（1）需求分析与规划：首先，要明确资源库的建设目标，即提升中等职业学校思想政治课程的教学效果和学习体验。然后，进行需求分析，包括了解中等职业学校思想政治课程的教学大纲、教材内容、教师需求和学生特点等，以确定资源库应具备的功能和内容。最后，制定资源库建设的整体规划和实施方案。

（2）资源收集与整理：根据需求和规划，开始收集和整理相关的融媒体资源。这包括从教材、教辅材料、网络资源、教育机构等多个渠道获取与思想政治课程相关的文本、图片、音频、视频等资源。同时，对收集到的资源进行筛选、分类和整理，确保它们的质量和适用性。

（3）资源制作与加工：对于一些原始资源，可能需要进行进一步的制作和加工，以适应教学需求。例如，可以制作教学课件、教学视频、动画演示等，将抽象的理论知识以更直观、生动的方式呈现出来。同时，还可以利用融媒体技术，对资源进行再创造，如添加互动元素、设计教学游戏等，以增强资源的吸引力和实用性。

（4）平台搭建与测试：选择一个合适的平台或开发一个专门的系统来承载和管理这些融媒体资源。在平台搭建过程中，要考虑到资源的存储、检索、共享和保护等功能需求。完成平台搭建后，还要进行测试和调试，确保资源库的稳定性和易用性。

（5）资源上传与发布：将制作和整理好的融媒体资源上传到平台上，并根据需要进行分类和标签化，以便用户能够快速找到所需资源。同时，可以发布一些资源使用指南或教学案例，帮助用户更好地利用这些资源进行教学和学习。

（6）用户培训与推广：针对中等职业学校的教师和学生，开展资源库的使用培训，包括如何检索资源、如何下载和使用资源等。同时，通过各种渠道进行资源库的推广和宣传，鼓励更多的用户使用并反馈意见。

（7）持续更新与维护：资源库的建设是一个持续的过程。要定期更新和补充新的融媒体资源，以保持资源库的活力和时效性。同时，还要对资源库进行定期的维护和升级，确保其正常运行和安全性。

通过以上步骤，我们可以逐步建立起一个内容丰富、形式多样、互动性强的中等职业学校思想政治课程融媒体资源库，为中等职业学校的思想政治课程教学提供有力支持。

（二）思政资料素材资源分类体系的构建

中等职业学校思想政治课程融媒体资源库中的融媒体资源分类体系应该根据资源的媒体类型、内容属性、应用场景等多个维度进行构建，以便用户能够高效、准确地检索和使用所需资源。表6-3是一个可供参考的融媒体资源分类体系构成方案。

表6-3 融媒体资源分类体系构成方案

维度	分类	说明
按媒体类型分类	文本资源	包括教材、教辅、案例、文章等文字类资源，主要提供基本的理论知识、政策解读等内容
	图片资源	包括图表、漫画、照片等可视化资源，有助于直观地呈现知识点和案例
	音频资源	包括讲座录音、广播节目、歌曲等，适用于听觉学习和情景模拟
	视频资源	包括教学视频、纪录片、电影片段等，能够生动形象地展示教学内容
	互动资源	包括教学软件、互动游戏、虚拟现实等，能够增强学生的参与感和体验感
按内容属性分类	理论知识	涵盖思想政治课程的基本概念、原理、理论体系等
	时政热点	涉及国内外重大事件、政策动态、社会热点等
	历史与文化	包括历史事件、传统文化、民族精神等
	道德与法治	涉及道德规范、法治意识、法律法规等
	职业素养与法律法规资源	针对中等职业学校学生的职业素养培养，如职业规划、职场礼仪等
按应用场景分类	课堂教学	适用于教师授课、学生听课的传统课堂场景
	自主学习	适合学生课后自主学习、复习和拓展
	小组讨论	适用于学生分组讨论、合作学习等场景
	情景模拟	模拟实际工作或生活场景，进行角色扮演、实践操作等
	测试与评估	提供练习题、测试题等资源，帮助学生自我检测和评估学习效果

以上分类体系仅供参考，实际构建时可以根据具体需求和资源特点进行调整和细化。同时，为了方便用户检索和使用，可以在资源库中设置多重标签和索引功能，使用户可以从多个维度快速定位到所需资源。

（三）融媒体资源库的数字资源的来源

中等职业学校思想政治课程融媒体资源库的融媒体数字资源可以通过多种途径获取，以确保资源的丰富性、多样性和时效性。表6-4是一些主要的融媒体数字资源的来源途径。

表6-4 主要的融媒体数字资源的来源途径

序号	来源途径	说明
1	教材与教辅材料数字化	将中等职业学校的思想政治课程教材、教辅材料进行数字化处理，转化为电子文档、图片或扫描件等形式，便于在线浏览和搜索
2	网络资源收集与整理	从互联网上收集与思政课程相关的网站、论坛、博客等公开资源，筛选适合教学使用的文本、图片、音频、视频等内容，并进行分类整理
3	教育机构与图书馆合作	与教育机构、图书馆等合作，共享其数字资源库中的思政课程相关资源，包括电子图书、期刊、研究报告等
4	教师自制与学生创作	鼓励教师自制多媒体课件、教学视频、互动游戏等原创资源，同时也可征集和展示学生的优秀作品，如创意设计、动画短片、社会实践报告等
5	社会实践与调研	结合思政课程的社会实践环节，收集实地调研的照片、视频、访谈记录等一手资料，丰富教学内容的真实性和鲜活性
6	政府部门与公共机构	与政府部门、公共机构等合作，获取政策文件、统计数据、公共信息资料等，为思政课程提供权威的数据支持
7	商业购买与版权合作	对于某些专业性强、制作精良的融媒体资源，可以通过商业购买或版权合作的方式获得使用权，确保资源的质量和合法性
8	跨学科资源整合	整合其他学科领域的相关资源，如历史学、社会学、心理学等，为思政课程提供多角度、跨学科的知识支持

在收集资源的过程中，我们始终注重资源的版权问题，确保所有资源的合法使用。同时，我们也应该定期对资源库进行更新和维护，以保持其时效性和活力。通过以上多种途径的综合运用，中等职业学校思想政治课程融媒体资源库将成为一个内容丰富、形式多样、来源广泛的宝贵教学资源库，为中职学校的思想政治教学提供有力支持。

（四）教师数字化资源加工环境建设

1. 基础工作环境建设

中等职业学校思政课教师团队要制作思政课融媒体数字资源，需要配置如表6-5所示的工作场所、设备设施与基础资源。

表6-5　思政课融媒体数字资源需要配置的工作场所、设备设施与基础资源

序号	项目		内容
1	工作场所	多媒体制作室	用于融媒体资源的策划、设计、编辑和制作，应配备专业的多媒体制作工具和软件
		录音室	用于音频资源的录制，需具备良好的隔音效果和专业的录音设备
		摄影棚	用于视频资源的拍摄，应具备足够的空间和专业的摄影设备
		后期编辑室	用于对录制的音频、视频资源进行剪辑、特效处理等后期制作
2	设备设施	计算机	配备高性能的处理器、大容量内存和高速硬盘，以满足融媒体资源制作过程中的计算和处理需求
		显示器	选择高分辨率、广色域的显示器，以确保融媒体资源的色彩还原和细节展示
		音频设备	包括专业级麦克风、声卡、耳机等，用于高质量音频的录制和监听
		视频设备	包括摄像机、摄像头、灯光等，用于高质量视频的拍摄和采集
		存储设备	选择大容量、高速度的存储设备，如NAS（网络附加存储）或SAN（存储区域网络），以确保融媒体资源的安全存储和高效访问
		网络设备	包括路由器、交换机等，用于构建稳定、高效的网络环境，支持融媒体资源的传输和共享
3	基础资源	软件资源	包括操作系统、多媒体制作软件（如Adobe Creative Suite）、音频编辑软件（如Audacity）、视频编辑软件（如Premiere Pro）等，用于融媒体资源的制作和编辑
		素材资源	包括图片、音频、视频等素材库，为融媒体资源制作提供丰富的素材选择
		教学资源	包括电子教材、教案、课件等教学资源库，为思政课教师提供便捷的教学支持
		标准与规范	制定统一的融媒体资源制作标准和规范，如文件格式、分辨率、帧率等，以确保资源的兼容性和质量

综上所述，中等职业学校思政课教师团队要制作思政课融媒体数字资源，需要配置多媒体制作室、录音室、摄影棚等工作场所，以及计算机、音频设备、视频设备等设备设施，并准备好软件资源、素材资源、教学资源等基础资源。这些配置将为教师团队提供良好的工作环境和条件，支持他们制作出高质量的思政课融媒体数字资源。

2. 基础性资料素材的构成与获取

中等职业学校的思政课教师团队在进行融媒体数字资源的自主创作时，从思政思想与主题的角度出发，需要获取表6-6所示的基础性资料素材。

表6-6 融媒体数字资源自主创作时需要的基础性资料素材

序号	类别	说明
1	思政理论体系资料	这包括马克思主义基本原理、毛泽东思想、邓小平理论、"三个代表"重要思想、科学发展观，以及最为重要的"习近平新时代中国特色社会主义思想"。这些理论体系构成了思政课教学的核心内容，是理解和分析当前政治、经济、社会现象的基础
2	历史事件与人物资料	涵盖中国革命史、建设史、改革史中的重大历史事件，以及关键历史人物（如革命先烈、领袖人物、改革先锋等）的生平事迹和贡献。这些资料有助于增强学生对历史进程和国家发展历程的认识
3	政策文件与法律法规	包括国家最新的政策文件、法律法规及其解读。这些内容有助于学生理解国家政策的制定背景、目的和实施意义，培养学生的法治意识和国家观念
4	现实案例与热点问题	涉及国内外时事新闻、社会热点问题及其分析。这些案例能够帮助学生将理论知识与现实生活相结合，提高分析和解决问题的能力
5	文化艺术作品	包含与思政课主题相关的文学、艺术、影视作品等。这些作品可以作为教学的辅助材料，以更加生动、形象的方式展现思政课的内容

思政课教师团队可以通过以下途径获取所需的基础性资料素材：

（1）官方渠道：访问政府官方网站、教育部门网站、新闻机构网站等，获取最新的政策文件、法律法规、时事新闻等官方信息。

（2）学术研究机构与图书馆：利用高校、研究院所的图书馆和学术数据库，查阅相关的学术著作、研究论文、历史资料等。

（3）专业素材库与共享平台：订阅或购买专业的图片库、视频库、音频库等，获取高质量的多媒体素材。同时，可以利用教育资源公共服务平台、在线课程平台等共享资源，获取其他教师或机构制作的优质思政课资源。

（4）媒体合作与交流：与主流媒体、新闻机构建立合作关系，共享资源与信息。此外，可以参加相关的学术交流会议、研讨会等，与其他教师、专家学者交流经验，获取最新的研究成果和教学资源。

（5）自主创作与整理：教师团队还可以根据教学需求，自主创作和整理相关的资料素材，如设计教学案例、制作多媒体课件、拍摄教学视频等。

通过这些途径，思政课教师团队可以获取丰富、多样的基础性资料素材，为融媒体数字资源的自主创作提供有力的支持。

（五）融媒体资源库运行机制的建设要点

为了确保"中等职业学校思想政治课程融媒体资源库"的建设、运行与应用工作能够可持续性推进，需要建立一套科学、规范、高效的工作机制。表6-7是对该工作机制的建设要点说明。

表6-7 融媒体资源库运行机制的建设要点

项目	子项	说明
建设机制	明确建设目标	确立融媒体资源库建设的长远规划和短期目标，确保资源库的建设符合中等职业学校思政课程教学的实际需求
	组织保障	成立由学校领导、思政课教师、技术专家等组成的融媒体资源库建设领导小组，负责统筹协调资源库的建设工作
	制定建设规范	制定融媒体资源库的建设标准、资源分类体系、资源质量评价标准等，确保资源库的建设质量
	保障建设经费	将融媒体资源库建设所需经费纳入学校年度预算，确保建设工作的顺利进行
运行机制	资源更新与维护	建立定期的资源更新机制，确保融媒体资源库的内容与时俱进。同时，加强对资源的维护和管理，确保资源的可用性和稳定性
	权限管理	建立严格的权限管理制度，对融媒体资源库的用户进行分级管理，确保资源的安全性和保密性
	技术支持与服务	配备专业的技术支持团队，为融媒体资源库的运行提供技术保障。同时，建立用户服务机制，及时解决用户在使用过程中遇到的问题
应用机制	教师培训与支持	加强对思政课教师的培训和支持，提高他们使用融媒体资源库进行教学的能力和水平
	教学应用研究	鼓励和支持教师进行融媒体资源在教学中的应用研究，探索新的教学模式和方法
	学生参与与反馈	鼓励学生积极参与融媒体资源的使用和反馈，建立学生使用资源的激励机制和评价体系
	效果评估与改进	定期对融媒体资源库的应用效果进行评估，根据评估结果及时调整和改进资源库的建设和运行策略

通过以上工作机制的建立和实施，可以确保"中等职业学校思想政治课程融媒体资源库"的建设、运行与应用工作能够有序、高效、可持续地进行，为中等职业学校的思政课程教学提供有力支持。

三、基于融媒体建设与教学应用的评价体系建设

2019年11月20日发布的《教育部办公厅关于加强和改进新时代中等职业学校德育工作的意见》（教职成厅〔2019〕7号）文件中，有关于"（十九）创新德育工作评价方式"的要求。中等职业学校思政课评价体系，是一个多级评价体系。针对融媒体在思政课教学中日趋广泛的应用，需要在传统思政课评价体系中增加融媒体相关的评价指标、主要观测点、评价细则以及分值设置等。

（一）思政课多级评价体系配套要点

针对中等职业学校思想政治课程建设与教学，需要建立评价体系。这一评价体系是多层级的，具体的评价体系层级如下：

（1）思政课教学的学生评价体系。
（2）思政课的教师教学评价体系。
（3）思政课的课程建设评价体系。
（4）思政课的课程教学质量评价体系。
（5）思政课建设与教学综合评价体系。

1. 思政课评价体系的多元参与对象

在中等职业学校思想政治课程建设与教学评价体系中，参与评价的对象是多元化的，旨在从多个角度全面评估思政课的教学质量和效果。表6-8是对可能参与评价的对象的全面梳理。

表6-8　思政课评价体系的可能参与对象

序号	项目	说明
1	思政课教师自评	教师对自己的教学设计、教学方法、课堂管理等方面进行自我评价，以反思和提升教学效果
2	思政课教师互评	同一学科或不同学科的思政课教师之间进行教学观摩、课堂评价和经验交流，以促进教师之间的相互学习和成长
3	学校领导评价	学校管理层对思政课的整体教学质量、教师队伍建设、课程设置等方面进行评价，以监督和支持思政课的教学工作

续表

序号	项目	说明
4	学生评价	学生对思政课的教学内容、教学方法、教师表现等方面进行评价，以反映学生的学习体验和需求
5	教学督导专家评价	专门的教学督导团队或外部专家对思政课进行定期或不定期的教学检查、听课和评估，以提供专业的教学改进建议
6	同行专家评价	来自其他学校或学术机构的同行专家对思政课的教学内容、研究水平和学术贡献进行评价，以促进学术交流和提升课程质量
7	企业行业评价	考虑到职业教育的特点，与中等职业学校有合作关系的企业或行业组织可能对思政课在学生职业素养培养方面的效果进行评价
8	家长/社区评价	家长和社区成员可能对思政课在学生道德素质、社会责任感培养等方面的影响进行评价，以反映社会对教育的期望和需求
9	校友反馈	已经毕业的校友可能对他们在校期间接受的思政课教育进行回顾性评价，以提供长期的教学效果反馈
10	第三方教育评估机构	独立于学校和教育系统之外的第三方评估机构可能对思政课进行客观、中立的教学质量评估，以增加评价结果的公信力和透明度

这些评价对象在评价体系中扮演着不同的角色，他们的参与有助于从多个维度全面、客观地评估思政课的教学质量，并为教学改进提供有力的依据和支持。

2. 思政课评价体系中的融媒体因素补充

针对思政课建设与教学评价体系中融媒体相关要素的补充，表6-9是对各层级的归纳和总结。

表6-9 思政课评价体系中的融媒体因素补充

序号	项目	说明
1	针对思政课教学的学生评价体系	融媒体资源使用能力：评价学生在思政课学习中利用融媒体资源（如视频、音频、互动平台等）的熟练程度和效果
		融媒体环境下的学习参与度：考查学生在融媒体资源支持下参与课堂互动、在线讨论等活动的积极性和质量
		融媒体资源对学习的辅助效果：评估学生使用融媒体资源后对思政课内容理解的深度、广度以及学习成效的提升
2	针对思政课的教师教学评价体系	融媒体资源整合能力：评价教师将融媒体资源有效融入思政课教学的能力和水平
		融媒体教学方法创新：考察教师在思政课教学中运用融媒体进行教学方法创新的程度，如混合式教学、互动式教学等
		融媒体环境下的教学互动与反馈：评价教师在融媒体环境中与学生进行互动、收集反馈并及时调整教学策略的能力

续表

序号	项目	说明
3	针对思政课的课程建设评价体系	融媒体资源建设与更新：评估思政课程在融媒体资源（如课程网站、在线学习平台、多媒体素材等）建设和内容更新方面的成效
		融媒体技术与课程内容的融合度：评价课程内容与融媒体技术（如视频剪辑、动画制作、虚拟现实等）结合的紧密程度和效果
		融媒体资源对课程目标的支撑作用：考察融媒体资源在促进思政课程目标实现、增强学生学习体验等方面的作用
4	针对思政课的课程教学质量评价体系	融媒体环境下的教学效果：通过对比分析，评价在融入融媒体资源后，思政课教学效果（如学生兴趣激发、知识理解程度等）的提升情况
		学生对融媒体资源的满意度：收集学生对思政课使用的融媒体资源的满意度反馈，作为改进教学的参考
		融媒体资源对教学重点难点的解决效果：评估融媒体资源在帮助教师解决思政课教学重点和难点问题方面的作用
5	针对思政课建设与教学综合评价体系	融媒体资源在思政课建设中的整体贡献：综合评价融媒体资源在支持思政课建设、提升教学质量、促进学生全面发展等方面的整体效果
		融媒体环境下思政课的教学模式创新：考察在融媒体环境下，思政课教学模式的创新程度及其对教学质量的提升作用
		融媒体资源的可持续发展与维护机制：评价学校对思政课融媒体资源的长期规划、技术支持、内容更新与维护等机制的完善程度

（二）融媒体资源库的评价体系建设

为确保中等职业学校思想政治课程融媒体资源库的建设、运行与应用效果，需要建立一套综合评价体系。该评价体系旨在从多个角度、多个层面对资源库进行全面、客观、科学的评价，以促进资源库的持续优化和提升。中等职业学校思想政治课程融媒体资源库的建设、运行与应用效果评价体系的建设要点见表6-10。

表6-10 中等职业学校思想政治课程融媒体资源库的建设、
运行与应用效果评价体系的建设要点

项目	内容
教育教学资源库信息系统的通用评价	系统性能：评价融媒体资源库的稳定性、响应速度、并发处理能力等
	功能完整性：评估资源库是否具备资源检索、预览、下载、上传、编辑等基本功能，以及是否支持多种媒体格式
	易用性：评价资源库的界面设计是否直观、操作是否便捷、用户指南是否完善等
	安全性：评估资源库的数据备份、恢复能力，以及访问控制、加密传输等安全措施

续表

项目	内容
思政课教学的学生评价体系	学习效果：通过测试、作业、考试等方式评价学生对思政课知识的掌握程度
	学习参与度：评估学生在课堂上的互动频率、提问质量、小组讨论表现等
	资源利用情况：统计学生使用融媒体资源库的频率、时长、资源类型等，以评估资源的有效利用程度
思政课的教师教学评价体系	教学质量：评价教师的教学内容设计、教学方法选择、课堂组织能力等
	教学创新：鼓励教师探索融媒体资源在教学中的创新应用，如混合式教学、翻转课堂等
	学生反馈：收集学生对教师教学的评价和建议，作为改进教学的参考依据
思政课的课程建设评价体系	课程内容：评价思政课程内容的时代性、思想性、理论深度和实践性
	课程结构：评估课程的章节安排、逻辑关系、课时分配等是否合理
	资源配套：检查课程是否有配套的教材、教案、PPT、视频等资源，并评价其质量
思政课的课程教学质量评价体系	教学目标达成度：评估教学是否达到了预定的知识、能力、情感等目标
	教学满意度：通过问卷调查等方式收集师生对课程教学的整体满意度
	教学改进建议：针对评价中发现的问题和不足，提出具体的改进建议和措施
思政课建设与教学综合评价体系	建设成效：综合评价融媒体资源库在支持思政课建设方面的效果，包括资源数量增长、质量提升、使用频率增加等
	教学应用效果：评估融媒体资源在实际教学中的应用效果，如对学生学习兴趣的激发、对教师教学能力的提升等
	持续发展能力：考察融媒体资源库在未来发展中的可持续性，包括技术更新、内容拓展、用户支持等方面的规划和准备

通过建立上述综合评价体系，可以对中等职业学校思想政治课程融媒体资源库的建设、运行与应用进行全面、系统的评价。这不仅有助于及时发现问题和不足，还可以为资源库的持续优化和提升提供有力支持。同时，该评价体系也可以为其他类似项目的评价提供参考和借鉴。

四、思政VR体验式教学环境的建设与应用

中共中央办公厅、国务院办公厅2019年8月14日印发了《关于深化新时代学校思想政治理论课改革创新的若干意见》。该文件提出：面对新形势新任务新挑战，有的地方和学校对思政课重要性认识还不够到位，课堂教学效果还需提升，教材内容不够鲜活，大力推进思政课教学方法改革，提升思政课教师信息化能力素养，推动人工智能等现代信息技术在思政课教学中应用，建设一批国家级虚拟仿真思政课体验教学中心。在此基础上，各类院校都开始推进思政VR体验式教

学环境的建设与应用。

（一）思政VR体验式教学环境的概念

思政VR体验式教学环境是一种基于虚拟现实技术的创新教学环境，专为思想政治教育而设计。通过模拟真实、复杂且富含思政元素的三维场景，这种环境为学生提供了一个身临其境、高度互动的学习空间。在这个环境中，学生不仅能够观察和理解思政知识的外在表现，更能深入体验其内在逻辑和深层含义。思政VR体验式教学环境的构建，旨在激发学生对思政内容的兴趣，提升他们的学习积极性和参与度。通过直观的体验，学生可以更加深入地理解思政知识的实际应用和社会价值，进而形成更加全面、深入的认识。这种教学环境不仅丰富了思政教学的内容和形式，也为培养学生的综合素质和批判性思维能力提供了新的途径，是提升思政教育效果和质量的重要手段。

思政VR教学资源是指利用虚拟现实（Virtual Reality，简称VR）技术开发的，针对思想政治教育领域的一种创新教学资源。它通过构建三维虚拟环境，模拟历史事件、社会现象、理论场景等，使学生在沉浸式的体验中直观地感受和理解思政课程的内容。这种教学资源融合了现代科技与教育教学的理念，旨在提高学生的学习兴趣、参与度和理解力，从而达到提升思政教育质量的目的。思政VR教学资源具有交互性、沉浸感和情景模拟等特点，是思政教育现代化、信息化的重要体现。

（二）思政VR教学资源与传统思政教育资源的区别

传统思政教育资源主要依赖于平面的教材、课件以及教师的讲授，侧重于知识的单向传授。这种教学理念相对较为单一，学生往往处于被动接受的状态，难以真正激发学生的学习兴趣和潜力。相比之下，思政VR教学资源则带来了教学理念的革新。它强调以学生为中心，通过构建三维虚拟环境，让学生在沉浸式的体验中主动探索和学习思政知识。这种教学理念更加注重学生的参与度和体验感，使学生能够从被动接受转变为主动学习，从而更加深入地理解和掌握思政知识。

在教学方式上，传统思政教育资源通常采用课堂讲授、PPT演示等方式进行教学。这些方式在一定程度上限制了学生的想象力和创造力，难以将抽象的理论知识与实际情境相结合。而思政VR教学资源则利用虚拟现实技术，为学生提供了全新的学习体验。它可以模拟各种历史事件、社会现象和理论场景，让学生在其中进行角色扮演、互动体验等。这种教学方式更加直观、生动地展现思政知识，有助于学生更好地理解抽象概念，提高应用能力。

此外，在学习体验方面，传统思政教育资源的学习体验相对单一，学生往往只能通过听讲、阅读等方式获取知识。而思政VR教学资源则为学生提供了更加丰富的学习体验。在虚拟的环境中，学生可以身临其境地感受历史事件、社会现象等，增强沉浸感和参与感。这种学习方式不仅使学习变得更加有趣和高效，还能有效提升学生的空间认知能力和团队协作能力。

总的来说，思政VR教学资源相较于传统思政教育资源具有更加先进的教学理念、教学方式和学习体验。然而，在应用过程中也需要考虑技术成本、教师培训以及学生适应性等问题，以确保思政VR教学资源能够充分发挥其优势，提高思政教育的效果和质量。

（三）思政VR教学资源与融媒体数字资源间的关系

思政VR教学资源与融媒体数字资源之间存在密切的关系，它们都是现代科技在教育领域应用的产物，它们在教学应用中可以相互补充，共同提升思政教学的质量和效果。

首先，思政VR教学资源是一种基于虚拟现实技术的教学资源，通过模拟三维虚拟环境，让学生在沉浸式的体验中学习思政知识。而融媒体数字资源则是利用数字技术和网络技术，将文字、图片、音频、视频等多种媒体形式进行融合，为教学提供丰富多样的内容。思政VR教学资源可以看作是融媒体数字资源的一种特殊形式，它更加注重虚拟环境的构建和学生的沉浸式体验。

其次，思政VR教学资源与融媒体数字资源在教学应用中可以相互补充。融媒体数字资源提供了丰富的教学内容，包括文字、图片、视频等，可以为思政VR教学资源提供必要的素材和支撑。同时，思政VR教学资源通过虚拟现实技术将这些内容进行立体化的呈现，让学生在更加真实、生动的环境中学习，提高学习效果。

最后，思政VR教学资源与融媒体数字资源都需要教师具备一定的技术能力和教学设计能力。教师需要熟悉数字技术和虚拟现实技术，能够有效地整合和利用这些资源，设计出符合学生需求和教学目标的教学方案。

（四）思政VR体验式教学环境的建设特点与要点

在探索中等职业学校思政教育的创新路径中，VR体验式教学环境以其独特的教育价值受到了广泛关注。该教学环境不仅贴合中职学生的认知特性，更为他们提供了一种新颖、生动的学习体验。思政VR体验式教学环境的建设特点与要点如表6-11所示。

表6-11 思政VR体验式教学环境的建设特点与要点

建设特点	适应性	考虑到中职学生的年龄特点和认知水平，思政VR体验式教学环境的设计应更加直观、生动，以适应中职学生的学习需求和兴趣
	融合性	紧密结合《中等职业学校思想政治课程标准（2020年版）》和中职思政政治课程新版教材内容，确保VR体验内容与课程标准和教材内容相互补充、相互支持
	资源性	与中等职业学校思想政治课程融媒体资源库建设相融合，实现VR教学资源与其他数字教学资源的共享和优化配置
	多功能性	教学环境设计应考虑多功能应用，不仅服务于思政课程教学，还能支持学校的德育活动、学生社团活动等多方面的育人需求
	示范性	面向区域职业学校发挥引领示范带动作用，通过展示和交流，推广思政VR体验式教学环境在中职学校的应用经验和成果
建设要点	经费考虑	针对中职学校经费有限的情况，建设过程中应注重性价比，优先选择性价比高、维护成本低的VR设备和解决方案
	场地规划	在中职学校场地有限的情况下，应合理规划VR体验式教学环境的布局，确保空间的高效利用
	技术支持	提供必要的技术支持和培训，确保教师能够熟练使用VR设备进行教学，同时解决在使用过程中遇到的技术问题
	内容开发	结合中职学校的专业特色和行业需求，开发具有针对性的思政VR教学内容，增强教学的实用性和针对性
	持续更新	随着技术的发展和教学内容的更新，思政VR体验式教学环境也需要不断进行更新和优化，以适应新的教学需求和发展趋势
	安全保障	考虑到VR设备的使用安全和数据安全，应建立完善的安全管理制度和应急预案，确保教学环境的稳定运行和学生的安全使用